Rolf Hosfeld Hermann Pölking

WIR DEUTSCHEN

1929 bis 1939

1929 - das ist das Jahr, das für die »goldenen Zwanziger« schlechthin steht: für Bubikopf und Charleston, für Filmgöttinnen und Sporthelden. Aber es ist auch das Jahr, in dem die Weltwirtschaftskrise beginnt und damit jene Not, die Hitler und den Nazis den Boden bereitet. Folgerichtig erzählt dieser Film und das dazugehörige Buch die deutsche Geschichte bis zum Beginn des Krieges. Sensationelle Bilder aus dem Alltag der Deutschen, Schätze aus den Privatarchiven, die die Autoren gefunden haben, zeigen die Dreißiger Jahre in immer neuen Facetten. Im Wechsel zwischen den Großereignissen und dem alltäglichen Leben in Stadt und Land wird Geschichte lebendig.

Rolf Hosfeld, geboren 1948, ist Journalist und Buchautor. Hermann Pölking, geboren 1954, ist Dokumentarfilmer und hat über 32 Filmchroniken herausgegeben. Die beiden Autoren haben mit dem bei Piper erschienenen Großprojekt »Die Deutschen« ein Multimedia-Geschichtswerk geschaffen, das auf insgesamt über 2000 Seiten mit Fotos, Texten und 12 einzigartigen Filmen Maßstäbe gesetzt hat.

Rolf Hosfeld Hermann Pölking

WIR DEUTSCHEN

1929 bis 1939

Von den Goldenen Zwanzigern zum Kriegsbeginn

Mit 104 Abbildungen, 7 Grafiken und 2 Karten

Piper
München Zürich

Mehr über unsere Autoren und Bücher:
www.piper.de

Das vorliegende Buch ist eine Auskoppelung aus dem Werk
»Die Deutschen, 1918 bis 1945. Leben zwischen Revolution und Katastrophe«.

Autor Buch Rolf Hosfeld
Autor Film Hermann Pölking
Produzenten Tammo F. Bruns, Patrick Lithander, Hermann Pölking

Redaktion Buch Frank Wendler (Leitung), Rolf Böttcher, Nicole Möser
Co-Autorin Film Nina Mütze
Redaktion und Recherche Film Ralf Graumann, Sabine Herpich, Svea Lang, Nina Mütze, Michael Nordmann, Linn Sackarnd, Frank Wendler
Redaktion Interviews Rolf Hosfeld, Svea Lang, Hermann Pölking
Bildgestaltung Thomas Golüke, Martin Sündermann
Schnitt Ralf Graumann, Sabine Herpich, Roland Mayer
Schnittassistenz Petra Aßmann, Torsten Büsing, Hagen Klaile
Gestaltung und Satz kleiner und bold GmbH
Lithografie kleiner und bold GmbH
Umschlaggestaltung Büro Jorge Schmidt, München
Umschlagabbildungen HJ/Zeltlager/Ostsee/Wettkampfspiel, 1938 – akg-images; Radiohörer, 1936 – akg images (beide Bilder wurden gespiegelt)
Druck und Bindung Kösel, Krugzell

ISBN 978-3-492-05280-1

Printed in Germany

Inhaltsverzeichnis

Wir Deutschen.
So haben Sie die deutsche Geschichte noch nie gesehen.

»Wir Deutschen« erzählt die Geschichte der Deutschen in einer neuen Form. Alle Quellen, aus denen Vergangenheit anschaulich werden kann, sind zu einem multimedialen Projekt verbunden, dessen einzelne Teile sich ergänzen. Man kann Geschichte lesen, sehen und hören. So entsteht ein aufregender Zugang zu den Ereignissen, die unsere Gegenwart geformt haben. Das Buch bietet eine spannende Geschichtsdarstellung, die politische, wirtschaftliche und kulturelle Zusammenhänge deutlich werden läßt, mit selten gesehenen Fotos und Bildern, die die Alltagsgeschichte hinzufügen. Die DVDs bieten ein filmisches Kaleidoskop deutschen Lebens, wie es so noch nie gezeigt wurde. Die Filme entstammen weitgehend unbekannten regionalen und privaten Quellen, Firmen- und Verbandsarchiven aus ganz Deutschland und Europa und sind in den letzten zwanzig Jahren systematisch und in akribischer Kleinarbeit zusammengetragen und konserviert worden. Gefilmte Interviews mit bekannten Historikern runden das Projekt »Wir Deutschen« ab.

Thea Schering, Alice Dageför und Dora Kahle aus der Kleinstadt Horneburg im Alten Land bei Hamburg während einer Schlittenpartie im Winter 1919/20.

DAS ENDE DER WEIMARER REPUBLIK

Stresemanns Tod

Harry Graf Kessler sitzt am 3. Oktober 1929 mittags in Paris beim Friseur, als er neben sich eine Stimme hört: *Stresemann est mort*, Stresemann ist tot. Er war an diesem Morgen um halb sechs einem Schlaganfall erlegen, gerade einmal 51 Jahre alt. »Es ist ein unersetzlicher Verlust, dessen Folgen nicht abzusehen sind«, schreibt Kessler am Abend ins Tagebuch: »So empfindet man ihn auch hier. Alles spricht davon, die Friseure, die Kellner im Restaurant, die Chauffeure, die Zeitungsfrauen.« Niemals zuvor war ein deutscher Politiker in Frankreich so populär gewesen wie der Reichsaußenminister Gustav Stresemann. Er verkörperte ein geläutertes Deutschland, das sich nach den Schrecken des Krieges Frankreich mit ausgestreckter Hand zugewandt hatte und um einen ehrlichen Ausgleich im Rahmen einer gesamteuropäischen Friedensordnung bemüht war. »Es ist fast so, als ob der größte französische Staatsmann gestorben wäre«, so Kessler am 4. Oktober, nachdem er die Pariser Morgenzeitungen gelesen hatte, die alle über Stresemanns Tod auf der ersten Seite in großer Aufmachung berichten: »Die Trauer ist allgemein und echt. Man empfindet, daß es doch schon ein europäisches Vaterland gibt. Die Franzosen empfinden Stresemann wie eine Art von europäischem Bismarck.«

Dabei war Gustav Stresemann diese Rolle keineswegs in die Wiege gelegt worden. Während des Weltkriegs war der Nationalliberale ein entschiedener Verfechter deutscher Annexionspolitik gewesen, und noch während des Kapp-Putschs von 1920 war seine Haltung alles andere als eindeutig. Doch Stresemann, der als Reichskanzler Deutschland durch das Krisenjahr 1923 geführt hatte, als im Herbst der Hitler-Putsch in München die Republik in Berlin bedrohte, war mit der Zeit zu einem überzeugten »Vernunftrepublikaner« und einer der wichtigsten Stützen der Weimarer Verfassung geworden. »Stresemann hat der deutschen Republik unschätzbare Dienste erwiesen«, schreibt die Londoner *Times* nach seinem Tod: »Seine Verdienste für Europa sind mindestens eben so groß.«

Linke Seite: Reichspräsident Hindenburg in Begleitung von Reichskanzler Luther bei einem Besuch im Ruhrgebiet. Im März 1930 ist der Jurist Hans Luther vom Generalrat der Reichsbank als Nachfolger von Hjalmar Schacht zum Reichsbankpräsidenten gewählt worden. Im März 1933 wird er in dieser Funktion von Schacht wieder abgelöst werden.

Mitglieder des Reichsbanners Schwarz-Rot-Gold auf einem 1.-Mai-Umzug der SPD Münster im Jahr 1930. Das Reichsbanner wird 1924 als Verband republikanischer Kriegsteilnehmer zum Schutz von Republik und Demokratie gegen nationalkonservative Wehrverbände gegründet. Ihm gehören vor allem der SPD Nahestehende an, aber auch Linksliberale und Mitglieder des Zentrums. Gegen Ende der Weimarer Republik sind mehr als eine Million Mitglieder im Reichsbanner organisiert.

Eigentlich hatte Stresemann vor, im Jahr 1930 zurückzutreten, wenn die beiden wichtigsten Aufgaben erledigt waren, denen er sich in letzter Zeit mit besonderer Aufmerksamkeit gewidmet hatte. Im Sommer 1929 hatte er den Young-Plan mit auf den Weg gebracht, der die enormen Reparationen, die Deutschland nach den Versailler Verträgen zu zahlen hatte, reduzierte und über einen Zeitraum von 60 Jahren streckte. Dem Land würde diese Abmachung zum ersten Mal nach dem Krieg wieder seine volle Souveränität auf wirtschaftspolitischem Gebiet bescheren. Die Ratifizierung des Young-Plans im Reichstag wollte Stresemann noch abwarten, dann wollte er in Urlaub gehen und am 30. Juni 1930 die Befreiungsfeier im Rheinland leiten, das die Franzosen mit der Verabschiedung des Young-Plans zu räumen versprochen hatten. Danach wollte er zurücktreten und sich seinen persönlichen Studien widmen.

Doch nun war er tot. »Ich befürchte von Stresemanns Tod in erster Linie sehr ernste innenpolitische Folgen«, ist Harry Graf Kesslers erster

Die Eiserne Front: Kampforganisation der Demokraten

Die Eiserne Front soll als Kampfgruppe der Demokraten den braunen Truppen der SA Paroli bieten. Initiatoren der Ende 1931 gegründeten Front sind die SPD, das Reichsbanner Schwarz-Rot-Gold, der Allgemeine Deutsche Gewerkschaftsbund (ADGB) und der Angestelltenbund sowie die Arbeiter-, Turn- und Sportbewegung (ATSB).

Ihr Emblem, die drei Pfeile auf rotem Grund, symbolisieren SPD, Gewerkschaften und Reichsbanner, und sie zielen auf die drei wichtigsten Gegner der Republik: die Nationalsozialisten, die Kommunisten und die monarchistischen Konservativen. Zur Ausbildung gehören Marschübungen, Orientierungskunde, Signaltechnik und Nachrichtenwesen, später auch geheime Schießübungen. Hauptaufgabe ist die Verteidigung der parlamentarischen Demokratie, sei es durch den Schutz von Versammlungen und Demonstrationen, sei es durch eigene Aufmärsche.

Die Aufgaben innerhalb des Bündnisses sind klar verteilt. Die SPD übernimmt die politische Führung. Dem Reichsbanner kommt die militärische Organisation zu. Und die Gewerkschaften sollen durch die Bildung von »Hammerschaften« in den Betrieben die Schlagkraft der Arbeitnehmer stärken. Eine feste Organisation zu formen gelingt aber trotz zahlreicher Massenveranstaltungen nicht. Mit der »Machtübernahme« der NSDAP und der Zerschlagung der Gewerkschaften am 2. Mai 1933 zerbricht auch die Eiserne Front. Ihre führenden Mitglieder werden von der Gestapo verhaftet oder fliehen ins Ausland.

Gedanke, nachdem er beim Friseur von dieser Nachricht überrascht worden war, und er fährt fort: »Das Abrücken der Volkspartei nach rechts, einen Bruch der Koalition, Erleichterung der Diktaturbestrebungen.« Das waren keineswegs prophetische Worte. Es war eine nüchterne Einschätzung der Lage.

Nur mit Mühe hatte Stresemann seine Partei, die nationalliberale Deutsche Volkspartei (DVP), 1928 in eine große Koalition unter dem Sozialdemokraten Hermann Müller gezwungen, indem er über den Kopf des eigenen Fraktionsvorsitzenden hinweg das Regierungsbündnis verabredete, dem er zunächst, gemeinsam mit seinem Parteifreund und Nachfolger Julius Curtius, gewissermaßen als »Privatmann« angehörte. Doch Stresemann wollte die DVP, die lange Zeit eher mit den Konservativen paktiert hatte, dauerhaft aus jeder denkbaren Nähe zu rechter Obstruktionspolitik heraus auf den Boden der Tatsachen und damit ins »Weimarer Lager« führen.

Ernst Busch und Hertha Thiele in dem Film »Kuhle Wampe oder: Wem gehört die Welt?«. Der Schauspieler Ernst Busch, aktives Mitglied der KPD, flieht 1933 aus Deutschland. 1937 meldet er sich als Propagandist bei den Internationalen Brigaden in Spanien. 1940 wird er in Südfrankreich interniert, nach seiner Flucht von der Vichy-Polizei verhaftet, der Gestapo übergeben und in Berlin vom Volksgerichtshof verurteilt. Es ist Gustaf Gründgens, der »Staats- und Hofschauspieler« Görings, der sich für Busch einsetzt und ihm durch eine Ehrenerklärung und die Finanzierung von Anwälten das Leben rettet. 1945 gibt Busch seinerseits eine Ehrenerklärung für Gründgens ab, nachdem dieser von der Roten Armee inhaftiert worden ist.

Kuhle Wampe: Wem gehört die Welt?

Der Film »Kuhle Wampe« wird Anfang der dreißiger Jahre zu einem Mittel in der politischen Auseinandersetzung der Parteien. Die »kuhle Wampe« ist der leere Bauch der Berliner während der Wirtschaftskrise und gleichzeitig eine Zelt- und Arbeitslosenkolonie am Ufer des Großen Müggelsees, die 300 Menschen ein provisorisches Zuhause bietet.

Hier dreht der Kommunist Slatan Dudow 1931/32 seinen gleichnamigen Film nach einem Drehbuch von Bert Brecht und Ernst Ottwald (Musik: Hanns Eisler). Der Regisseur erzählt von der Not dieser Tage in semidokumentarischen Bildern. Der junge Kurt Bönike sucht vergeblich eine Stelle und hört von seinem Vater, daß auch noch seine schmale Unterstützung gekürzt werden soll. Weil ihm die Eltern wegen seiner Arbeitslosigkeit schwere Vorhaltungen machen, stürzt er sich verzweifelt aus dem Fenster.

Als die Familie die Miete nicht mehr zahlen kann, findet Tochter Anni über ihren Freund eine Unterkunft in der Zeltkolonie »Kuhle Wampe«. Hier überwirft sich die schwangere Anni mit ihrem Freund und zieht zu ihrer Freundin Gerda, die gerade ein Arbeitersportfest organisiert. Auf der Veranstaltung finden Anni und Fritz wieder zueinander. Auf der Heimfahrt kommt es zum berühmten Schlußdialog. »Wer soll denn die Welt verändern?« fragt ein Mann, worauf Gerda antwortet: »Die, denen sie nicht gefällt.«

Bis in die Kinos ist es aber auch nach Drehschluß noch ein weiter Weg. Die Produktionsgesellschaft Prometheus-Film geht vor Ende der Dreharbeiten pleite, und nach der Übernahme durch die Züricher Gesellschaft Präsens-Film verbietet die Berliner Filmprüfstelle das Werk, weil es den Reichspräsidenten, die Justiz und die Religion beleidige. Erst am 30. Mai 1932 wird »Kuhle Wampe« in einer entschärften Fassung uraufgeführt.

Carl Friedrich von Siemens (links) und weitere Mitglieder des Vorstands der Siemens AG auf der S-Bahn-Station Wernerwerk. Im Dezember 1929 ist der neue Streckenabschnitt der Berliner Ringbahn von der Station Jungfernheide nach Siemensstadt dem Verkehr übergeben worden. In den Werken von Siemens in Berlin arbeiten zu dieser Zeit 20 000 Menschen.

Im April 1929 hatte er es geschafft, seine Partei auch formell an der großen Koalition zu beteiligen. Die Reparationsverhandlungen, die im Februar in Paris begonnen hatten und deren Ergebnis der Young-Plan war, brauchten nach seinen Vorstellungen diese Rückendeckung. Deutschland sollte, das war Stresemanns Vision, durch eine geschickte Diplomatie vor allem der Aussöhnung mit Frankreich in einen europäischen Einigungsprozeß eingebunden werden und so seine Stellung als gleichwertiges Mitglied der Völkerfamilie wiedererlangen. Eine Revision der Verträge von Versailles, die auch er anstrebte und für die der Young-Plan nicht das letzte Wort sein sollte, rechtfertigte in seinen Augen niemals auch nur den entferntesten Gedanken an einen neuen Krieg, der Deutschland nur ein weiteres Mal und vermutlich noch verheerender als 1918 in den Abgrund stürzen würde.

Nur durch eine künftige europäische Zusammenarbeit und nicht durch den kompromißlosen Kampf gegen Versailles ließ sich nach Stresemanns Ansicht die Zukunft Deutschlands verantwortungsvoll gestalten. Seine Politik war populär, wie man an den Hunderttausenden sehen konnte, die

Dresden 1930: Anatomie und Volkshygiene

Die II. Internationale Hygieneausstellung stößt 1930 trotz der Wirtschaftskrise auf riesiges Interesse. Drei Millionen Gäste besuchen die Pavillons und Hallen. Besonderer Anziehungspunkt ist der Pavillon des gerade eröffneten Dresdner Hygiene-Museums zur »Allgemeinen Körperpflege«.

Hygiene ist immer mehr zu einem öffentlichen Thema geworden, seit Robert Koch 1882 den Typhuserreger entdeckt hat. 1871 wird in Dresden die Chemische Zentrale für öffentliche Gesundheitspflege ins Leben gerufen. 1883/84 diskutieren die Stadtväter über den Bau eines Gesundheitsmuseums und richten 1884 einen Lehrstuhl für Hygiene an der Technischen Universität ein. Doch die Pläne für den Bau eines Museums zum Thema Hygiene konkretisieren sich erst nach dem Ersten Weltkrieg. Den Anstoß gibt der durch das Mundwasser »Odol« reich gewordene Karl August Lingner.

1930 öffnet der von dem Architekten Wilhelm Kreis konzipierte Bau. Berühmtestes Objekt ist der »Gläserne Mensch« von Franz Tschackert. Echte Knochen und Nervenbahnen aus Draht veranschaulichen die Anatomie des Menschen. Otto Dix entwirft ein dreiteiliges Fresko für die Museumsgaststätte, das von den Nazis 1933 entfernt wird. Für Aufsehen sorgt auch die über drei Meter hohe Bronzestatue der griechischen Göttin der Gesundheit, die Hygieia, von Karl Albiker. Zum Museum gehört ein mit Stromgenerator und Filmvorführgerät ausgestatteter Bus für Wanderausstellungen. Mit der »Machtübernahme« der Nationalsozialisten steht das Thema Hygiene zunehmend unter dem Einfluß des offiziellen Rassismus. Statt gesundheitlicher Aufklärung propagiert die Ausstellung »Volk und Rasse« 1934 die Reinhaltung des »deutschen Volkskörpers von fremden Elementen«. Ideologie tritt an die Stelle der Wissenschaft.

sich am 7. Oktober 1929 in Berlin vor seinem Sarg verneigten. Er hatte den Deutschen wieder Selbstvertrauen gegeben. Doch es sollte sich bald herausstellen, daß der – nach den Worten des Historikers Heinrich August Winkler – »einzige Staatsmann, den die Weimarer Republik hervorgebracht hat«, unersetzbar war.

Innenpolitisch hatte die große Koalition am Tag von Stresemanns Tod gerade ihre größte Krise überstanden. Der Außenminister, seit langem gesundheitlich angeschlagen, hatte alles getan, um das Regierungsbündnis nicht wegen Meinungsverschiedenheiten in der Frage der Arbeitslosenversicherung und der Sanierung der Staatsfinanzen scheitern zu lassen. Eine durch paritätische Beiträge von Arbeitgebern und Arbeitnehmern fi-

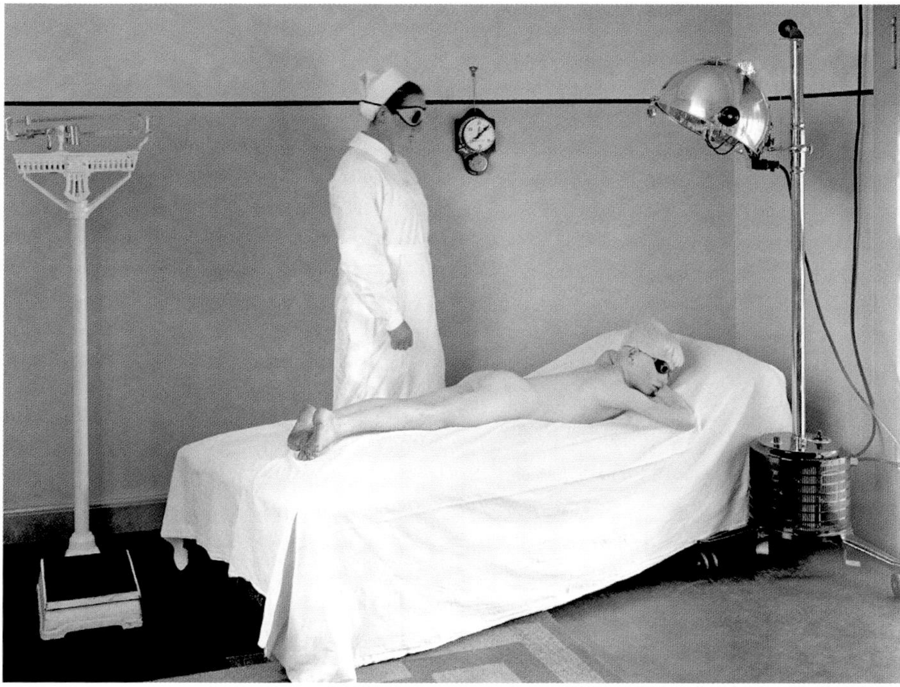

Tuberkulosefürsorgestelle in Essen, 1930. Die Tuberkulose ist eine der großen Volkskrankheiten in Deutschland. Am Ende des Jahrzehnts geht die Sterblichkeit an der »Schwindsucht« auf fast die Hälfte des Standes vor dem Ersten Weltkrieg zurück. 1933 sind im Deutschen Reich bei ca. 200 000 Fällen offener Tuberkulose noch ca. 50 000 Tuberkulosetote pro Jahr zu beklagen.

nanzierte staatliche Arbeitslosenversicherung gab es seit 1927. Erstmals besaßen Arbeiter und Angestellte in Deutschland einen Rechtsanspruch auf Arbeitslosenunterstützung. Für die deutschen Gewerkschaften hatte sich damit eine ihrer wichtigsten sozialpolitischen Forderungen erfüllt.

Doch 1927 herrschte Hochkonjunktur. Die Eigenmittel der Reichsanstalt für Arbeitsvermittlung und Arbeitslosenversicherung waren für maximal 1,4 Millionen Erwerbslose berechnet. Niemand hat sich 1927 vorstellen können, was bereits zwei Jahre später Wirklichkeit werden sollte.

Im Frühjahr 1929 liegt die Zahl der Arbeitslosen zum ersten Mal bei fast drei Millionen, was die Reichsanstalt dazu zwingt, beim Reich einen Kredit aufzunehmen. Doch auch die Mittel des Reichs sind schnell erschöpft. Die große Koalition unter Hermann Müller sieht sich dazu veranlaßt, über eine notwendige Sanierung der Staatsfinanzen nachzudenken, die aber, was jedem klar war, ohne eine durchgreifende Reform der Arbeitslosenversicherung nicht machbar sein konnte. Beinahe wäre das Regierungs-

Wasserwagen im sächsischen Grimma, um 1930. In den zwanziger und dreißiger Jahren verfügen die meisten deutschen Klein- und Mittelstädte über keine kommunale Wasserver- und -entsorgung. Wo aus öffentlichen und privaten Brunnen kein trinkbares Wasser geschöpft werden kann, kommt täglich der städtische Wasserwagen.

bündnis im Herbst 1929 an unterschiedlichen Auffassungen über das Wie dieser notwendigen Reform zerbrochen. Die Sozialdemokraten wollten gemeinsam mit dem Zentrum die Beitragssätze für Arbeitgeber und Arbeitnehmer erhöhen, doch die nationalliberale DVP sperrt sich dagegen mit dem Argument, daß dadurch die Lohnnebenkosten in einer wirtschaftlich nicht mehr vertretbaren Weise ansteigen würden.

Der Kompromiß, den Stresemann mit aller Kraft anstrebte und der das Scheitern der Koalition vorerst verhinderte, sah schließlich eine Vertagung der Beitragserhöhungen bis Ende 1929 vor. Dann, so das implizite Kalkül, könnten sich die Erleichterungen des Young-Plans auf die deutsche Wirtschaft bereits in Ansätzen positiv ausgewirkt haben. Es war sein letzter Dienst an der Republik.

Drei Wochen nach Stresemanns Tod löste der »Schwarze Freitag« an der New Yorker Börse eine Weltwirtschaftskrise aus, die alles bisher Gekannte in den Schatten stellte. Kaum ein halbes Jahr später sollte die große Koalition an der Frage der Arbeitslosenversicherung endgültig zerbrechen. Das bedeutete auch das Ende der letzten wirklich demokratisch legitimierten Regierung des Deutschen Reichs.

Hitler wird hoffähig gemacht

Gustav Stresemann hatte seine eingeschworenen Feinde bei der politischen Rechten. Daß das Bündnis der Siegermächte des Ersten Weltkriegs noch nicht zerfallen sei, wettert Adolf Hitler bei den verschiedensten Anlässen, sei in erster Linie die Folge von Stresemanns »Anbiederung an Frankreich«. Hitler war nach dem Münchner Putsch im November 1923 von einem verständnisvollen und national gesinnten Gericht zu fünf Jahren Festungshaft verurteilt worden und hatte die Zeit genutzt, um dort unter komfortablen Bedingungen seinem Mithäftling Rudolf Heß das Manuskript des ersten Bandes seiner kruden politischen Bekenntnisschrift *Mein Kampf* zu diktieren. Seit dem 20. Dezember 1924 war er wieder auf freiem Fuß und hatte, in stetiger Konkurrenz zu seinen wichtigsten Rivalen Erich Ludendorff und Ernst Röhm, die »Bewegung« neu aufgebaut und auf sich persönlich als »Führer« verpflichtet. Anders als die Putschpartei von 1923 verfügt die NSDAP, nun von Hitler auf einen strengen »Legalitätskurs« verpflichtet, 1928 mit über 100 000 Mitgliedern über ein straff geführtes Kadernetz in ganz Deutschland und bereitet sich auf ihren Durchbruch zu einer Massenbewegung vor. Daß die Deutschnationalen um Alfred Hugenberg in ihrer bedingungslosen Frontstellung gegen Versailles nun regel-

Adolf Hitler zu Besuch in Schleswig Ende der zwanziger Jahre. Die SA hat zu diesem Zeitpunkt nicht mehr als 80 000 Mitglieder, die sich hierarchisch in SA-Gruppen, diese wiederum in Brigaden, diese in regionale Standarten und die Standarten in lokale Sturmbanne gliedern.

Alfred Hugenberg bei einer Ansprache Ende der zwanziger Jahre. Nach Richtungskämpfen und einer deutlichen Wahlniederlage der Deutschnationalen wird Hugenberg 1928 als Führer des rechten Flügels zum Parteivorsitzenden der Deutschnationalen Volkspartei gewählt.

recht um ihn werben, kommt Hitler dabei sehr gelegen.

Als gelte es den bevorstehenden Untergang in letzter Minute zu verhindern, entfachte die deutsche Rechte im Sommer 1929 eine Kampagne gegen den Young-Plan mit einer Schärfe, die man seit den ersten Nachkriegsjahren so nicht mehr gehört hatte. Die Verbände der Landwirtschaft machen Front, der Langnam-Verein der rheinisch-westfälischen Schwerindustrie, der Alldeutsche Verband, und auf den Straßen agitiert der Stahlhelm, der paramilitärische deutschnationale Kampfverband, mit Flugblättern gegen die »geschichtswidrige Unnatürlichkeit« der Außenpolitik Gustav Stresemanns. »Bis in die dritte Generation müßt ihr fronen!« verkündet ein Plakat, auf dem ein dunkelhaariger, »fremdländisch« wirkender Sklaventreiber blonde deutsche Arbeiter mit der Peitsche zur Arbeit antreibt. Hier wird mit durch und durch demagogischen Mitteln Fundamentalopposition verkündet. »Das bestehende parlamentarische System verschleiert durch unehrliche Kompromisse die wahren Ursachen unseres Niedergangs«, behauptet der Stahlhelm. Alfred Hugenberg, Pressezar, Chef des Filmimperiums Ufa und Vorsitzender der Deutschnationalen Volkspartei, hatte schon vorher dem parlamentarischen System von Weimar den erbitterten Kampf angesagt. »Es wird einmal der Tag kommen«, prophezeite Hugenberg 1928 auf dem Parteitag der Deutsch-

Alfred Hugenberg: Herr über 1600 Zeitungen

Außenminister Stresemann hat seinen einflußreichsten Feind vielleicht in Alfred Hugenberg, dem Chef des größten und modernsten Medienkonzerns Deutschlands. Ihm gehören mehrere Berliner Tageszeitungen und rund ein Dutzend Zeitschriften – darunter die traditionsreiche Gartenlaube. *Auch die damals zweitgrößte Nachrichtenagentur, die Telegraphen-Union, auf die etwa die Hälfte der deutschen Zeitungen abonniert ist, wird von Hugenberg kontrolliert. In der Provinz bietet er den lokalen Zeitungen über seinen Materndienst Leitartikel, Nachrichten, Romane und Sportberichte an. Der Kundenstamm der Hugenbergschen Nachrichtenagentur wächst in den zwanziger Jahren auf 1600 deutsche Zeitungen an.*

In den letzten Jahren der Weimarer Republik ist auch die bedeutendste Filmgesellschaft der Republik, die Ufa, Teil des Medienimperiums. Mit der ALA Anzeigen AG besetzt Hugenberg eine führende Position auf dem Werbesektor. Seinen Einfluß nutzt er offen zur Verbreitung nationalistischer Überzeugungen. Ende der zwanziger Jahre wird er von der DNVP zum Parteivorsitzenden gewählt. Er stellt die Partei in den Dienst der »nationalen Sammlung«, macht 1929 bei der Abstimmung über den Young-Plan mit der NSDAP und dem Stahlhelm gemeinsame Sache und ist 1931 Initiator der »Harzburger Front«. Am 30. Januar 1933 beruft ihn Adolf Hitler als Minister für Wirtschaft, Landwirtschaft und Ernährung in sein Kabinett. Hugenberg tritt jedoch bald von allen Minister- und Parteiämtern zurück und verkauft bis 1935 große Teile seines jetzt gleichgeschalteten Pressekonzerns. Im März 1951 stirbt Alfred Hugenberg, während der Entnazifizierungsverfahren als minderbelastet eingestuft, in Kükenbruch bei Rinteln.

nationalen, »wo dieses Volk sich aufrafft, um all diesen Plunder von sich zu schütteln.«

In dieser Frage ist sich Hugenberg mit Adolf Hitlers Nationalsozialisten einig. »Man liebt die deutsche Republik und läßt sie leben, weil man einen besseren Verbündeten für die Versklavungsarbeit an unserem Volkskörper gar nicht finden konnte«, hatte der »Führer« der Nazis bereits in *Mein Kampf* verkündet. Auch seine Hauptfeinde sind die Republik und das Staatensystem des Völkerbunds, in denen Hitler ohnehin nichts anderes sehen will als »ein Fundament des Judentums zur Erreichung seiner Ziele«. Die Fundamentalopposition gegen den Young-Plan ist ihm jetzt hochwillkommen, um die NSDAP als Partei des »fanatischen Nationalismus« zu profi-

Turngautreffen der Deutschen Turnerschaft in Rheinhessen, Ende der zwanziger Jahre. 1924 kommt es zum Bruch der Deutschen Turnerschaft mit den anderen Sportspitzenverbänden, weil sich vor allem die Ballsportverbände als sportspezifische und nicht als politische Verbände verstehen. Viele der bürgerlichen Turnvereine spalten sich daraufhin ab, weil vor allem Fußballer, Handballer und Leichtathleten eigene Vereine gründen.

lieren, von dem Hitler 1928 in einer Schrift über die Außenpolitik gesagt hatte, er müsse deutlich machen, daß es nur ein Recht in der Welt gebe, und das sei die eigene Stärke.

Im Juli 1929 gründet Alfred Hugenberg zusammen mit Adolf Hitler, Franz Seldte, dem Führer des Stahlhelms, und Heinrich Claß vom Alldeutschen Verband den Reichsausschuß für das Volksbegehren gegen den Young-Plan, eine nationale Einheitsfront aller rechtsgerichteten Gegner der Republik. In einer Erklärung fordern sie das deutsche Volk zum Kampf gegen alle Reparationen und die sogenannte Kriegsschuldlüge auf und verlangen ein Plebiszit darüber. Gegenstand der Abstimmung soll der Entwurf eines »Gesetzes gegen die Versklavung des deutschen Volkes« sein, das alle Verpflichtungen des Versailler Vertrags abschafft und jedem Mitglied der Reichsregierung sowie dem Reichspräsidenten mit einer Zuchthausstrafe von mindestens zwei Jahren droht für den Fall, daß sie den Young-Plan unterschreiben. Das hätte im Zweifelsfall selbst das Stahlhelm-Ehrenmitglied Paul von Hindenburg betroffen.

Doch beim Volksentscheid am 22. Dezember 1929 erhält die Vorlage des Reichsauschusses nur magere 13,8 Prozent aller wahlberechtigten Stimmen, ein Ergebnis, das auf blamable Weise unter den 50 Prozent

Ländliche Jagdgesellschaft am Niederrhein zu Beginn der dreißiger Jahre. Noch ist der Reichsbund Deutsche Jägerschaft nicht nationalsozialistisch ausgerichtet. Unter dem »Reichsjägermeister« Göring wird 1934 ein neues Reichsjagdgesetz erlassen werden. Die Jagd hat nach Auffassung von Göring die Aufgabe, »den triebhaften Neigungen des wehrhaften deutschen Mannes Folge zu leisten«.

liegt, die für seinen erhofften Erfolg notwendig gewesen wären.

Der Reichsausschuß war ein Reinfall, doch für Adolf Hitler und seine Nationalsozialisten bedeutete er einen Etappensieg. Die Teilnahme an dem Volksbegehren und die Kooperation mit der DNVP sowie anderen nationalen Verbänden war für die bis dahin nur am Rande in Erscheinung getretene NSDAP ein unerwartet großer Erfolg. Unverhofft hatten sie im »nationalen Lager« eine enorme Publizität und Reputation gewonnen. Hitlers Bündnis mit den Deutschnationalen und dem Stahlhelm bedeutete, daß er auf dem besten Wege war, von dem konservativen Establishment und den hinter ihm stehenden bürgerlichen Kreisen als Partner ernstgenommen zu werden. Er war jetzt, für alle sichtbar, zu einer Figur geworden, mit der man rechnen mußte, nachdem die Nationalsozialisten bei den letzen Wahlen 1928 gerade einmal auf 2,6 Prozent gekommen waren.

In diesem Spätherbst 1929 sind sie jedoch in ganz Deutschland in einem jähen Aufwind. Allein im Dezember treten 19000 neue Mitglieder in die Nazipartei ein. Überall bei regionalen Wahlen, in Baden und Thüringen, in Lübeck und bei den preußischen Provinziallandtagen sowie bei den Kommunalwahlen in Hessen und Berlin, kann die NSDAP beträchtliche Stimmengewinne erzielen. In Berlin, wo sie bisher überhaupt nicht vertreten waren, gewinnen die Nazis auf Anhieb 13 Mandate, nicht zuletzt wegen einer großangelegten, antisemitischen Kampagne, mit der Joseph Goebbels, der junge Gauleiter der Partei, dort eine erste Kostprobe seiner suggestiven propagandistischen Begabung liefert.

Vorwand der Kampagne war eine kaum bedeutend zu nennende Affäre. Die Brüder Max, Leo und Willy Sklarek, sogenannte Ostjuden, waren unter dem Verdacht des Betrugs und der Urkundenfälschung in Berlin festgenommen worden. Sie hatten nach dem Krieg so etwas wie ein Monopol für die Versorgung der Stadt mit Dienstkleidung. Gute Beziehungen zur SPD und zu Oberbürgermeister Gustav Böß von der DDP waren ihnen dabei behilflich, die sie mit verbilligten Warenlieferungen und Vergünstigungen an einzelne Beamte zu pflegen wußten. Trotz allem war dies kein wirklich großer Skandal, doch Goebbels versteht es geschickt, ihn als eine der typischen windigen Verbindungen von »Marxismus« und »Judentum« darzustellen und aus dieser Karikatur politisches Kapital zu schlagen.

Noch bedeutender als die regionalen Erfolge der NSDAP ist jedoch der ungeheure Zulauf, den der Nationalsozialismus plötzlich unter deutschen Studenten erfährt. Bei den AStA-Wahlen des Wintersemesters 1929/30 ist der Nationalsozialistische Deutsche Studentenbund der große Gewinner. In Würzburg erhält er 30, an der TH Berlin 38, an der Universität Greifswald sogar 53 Prozent. Der Hitler-Bewegung war es gelungen, in Kreisen zur Mode zu werden, die zu den künftigen Meinungsträgern des Reichs gehören würden, und sie hatte sich dabei bewußt an die junge Generation gewandt. »Nationalsozialismus ist organisierter Jugendwille«, lautete die offizielle Parole der Partei. Die Nazis beginnen auch damit, Vereine und Verbände zu unterwandern, wie den Deutschnationalen Handlungsgehilfenverband, die regionalen Bauernverbände oder den Reichslandbund. 1929 ist auch das Jahr, in dem die Nazis eine hemmungslos antisemitische Kampagne gegen die großen Kaufhäuser und Konsumgenossenschaften führen, um die mittelständischen Handelsverbände unter ihren Einfluß zu bringen.

Vor allem fördert jedoch ein »Opfer« den Aufstieg der Nazis: Goebbels' Stilisierung des im Proletariermilieu des Berliner Fischerkiezes erschossenen SA-Manns Horst Wessel zum »Märtyrer der Bewegung« ist der bei weitem erfolgreichste Propagandacoup der Jahreswende 1929/30. Horst Wessel war der Sohn des Pfarrers der Nicolaikirche, und er kannte sich in dem nahegelegenen Fischerkiez gut aus. Kleine Gangster waren dort seit langem die heimlichen Herrscher, die sich in den zwanziger Jahren immer mehr auf dubiose Weise mit dem entstehenden kommunistischen Milieu vermischten. Einer von ihnen war der ehemalige Zuhälter Ali Höhler, der

Willi Münzenberg: Der rote Pressezar

Die größte verlegerische Leistung Willi Münzenbergs ist die »Arbeiter-Illustrierte-Zeitung« (AIZ). Sie erscheint ab 1924 im neuen Deutschen Verlag Willi Münzenbergs. Neben aktuellen Berichten und Reportagen werden in der AIZ regelmäßig Erzählungen und Gedichte u.a. von Anna Seghers, Erich Kästner und Maxim Gorki sowie Kurt Tucholsky veröffentlicht.

Der Kommunist Willi Münzenberg ist einer der erfolgreichsten Verleger seiner Zeit. Im August 1889 in Erfurt geboren, arbeitet er schon in seiner Jugend als Redakteur. In Berlin schließt er sich während des Ersten Weltkriegs der Spartakusgruppe an und wird 1919 Mitglied der Kommunistischen Partei Deutschlands (KPD). Die wird schnell auf seine überragenden kaufmännischen und organisatorischen Fähigkeiten aufmerksam.

Im Laufe der zwanziger Jahre gründet oder erwirbt Münzenberg für seine Partei eine Reihe von Zeitungen und Zeitschriften. Dazu gehören die Arbeiter-Illustrierte-Zeitung, *die* Welt am Abend *und* Der Weg der Frau. *Seine Kosmos-Verlag GmbH ist nach Alfred Hugenbergs Konzern das größte Medienunternehmen Deutschlands. Ein neutraler Herausgeber ist Münzenberg nicht. Geld aus der Sowjetunion fließt regelmäßig und in großen Summen in seine Kassen. Diese Zuwendungen sind Teil der Strategie der Kommunistischen Internationale zur Verbreitung der Revolution in ganz Europa. Bald wird die Komintern allerdings vor allem ein Instrument der sowjetischen Außenpolitik sein.*

Seit 1924 ist Münzenberg Mitglied des Zentralkomitees der KPD und Reichstagsabgeordneter. Nach Hitlers Ernennung zum Reichskanzler und dem Reichstagsbrand emigriert Münzenberg nach Paris und setzt dort den publizistischen Widerstand gegen das NS-Regime fort. Er gründet den Verlag Éditions du Carrefour und veröffentlicht bis 1937 etwa 50 deutschsprachige Publikationen. Als einer der ersten berichtet Münzenberg über die Konzentrationslager und die Verfolgung der Juden in Deutschland.

Wegen seiner Kritik an Stalins Schauprozessen und dem Vorgehen der KPdSU gegen Oppositionelle verliert er im März 1938 seine Ämter in der Exil-KPD und wird ein Jahr später ausgeschlossen. Als Emigrant gerät Münzenberg nach der deutschen Invasion in Haft. Im Juni 1940 flieht er aus dem Lager bei Lyon. Drei Monate später findet man seine Leiche in einem Waldstück bei Saint-Marcellin auf. Bis heute ist ungeklärt, wer für seinen Tod verantwortlich ist.

auch Verbindungen zu Mitgliedern des Roten Frontkämpferbundes hatte. Er war es, der die Kugeln auf Horst Wessel abfeuerte.

Dabei ging es gar nicht um einen vordergründig politischen Streit. Wessel, der SA-Lieder verfaßte und komponierte, war bei seinen Nachbarn unbeliebt, weil man ihn dort als einen der Führer der braunen Schlägertrupps kannte, die regelmäßig den Kiez mit brutalen Überfällen heimsuchten. Seit einiger Zeit lebte er mit der früheren Prostituierten Erna Jaenichen zusammen, die auch Ali Höhler bekannt war. Eigentlich ging es bei der Auseinandersetzung nur darum, daß Wessel seine Miete bei der Witwe Salm, in deren Wohnung er seit einiger Zeit mit Erna ein Zimmer bezogen hatte, schon länger nicht mehr bezahlt hatte. Die Witwe Salm wandte sich deshalb an Ali Höhler und seine Genossen, die ihn vor die Tür setzen sollten. Doch denen war der SA-Mann Wessel natürlich aus anderen Gründen bekannt. So kam es zu dem wahrscheinlich mehr aus Ungeschicklichkeit denn aus Berechnung abgefeuerten Schuß.

Wessel starb erst nach einigen Wochen an seiner schweren Verletzung im Krankenhaus. Noch während er dort lag, hatte Goebbels in der Wohnung von Wessels Mutter eine Eingebung, nachdem sie ihm ihre Version seines kurzen Lebens erzählt hatte. »Wie aus einem Roman von Dostojewski«, schießt es dem promovierten Germanisten und erfolglosen expressionistischen Schriftsteller Joseph Goebbels plötzlich durch den Kopf. »Der Idiot, der Arbeiter, die Dirne, die bürgerliche Familie, ewige Gewissenspein, ewige Qual.« Ein ganzer Roman entspinnt sich in seiner Phantasie, das künftige Drehbuch zu einer ausgefeilten politischen Werbekampagne.

Als Wessel am 23. Februar 1930 stirbt, hat das Leitmotiv dafür in Goebbels' Kopf bereits klare Konturen angenommen. »Ein neuer Märtyrer der Bewegung«, schreibt er begeistert ins Tagebuch. »Ein Wanderer zwischen zwei Welten.« Am 28. Februar besucht er Wessels SA-Sturm in Berlin-Mitte. »Lauter Arbeiter. Kühne, starke Gesichter«, stellt Goebbels mit dem sicheren Blick eines auf Wirkung bedachten Werbedramaturgen fest. »Das ist das Gegenstück zum Reichsausschuß. Hier wird das neue Deutschland geboren.« Das von Horst Wessel verfaßte Lied »Die Fahne hoch! Die Reihen dicht geschlossen! SA marschiert mit ruhig festem Schritt.« ist nach seinem Tod schnell der überall im Reich vieltausendfach geschmetterte Ohrwurm der SA geworden. Während der zwölf Jahre Diktatur nach 1933 war es sogar so etwas wie die heimliche deutsche Nationalhymne.

Wessel selbst aber wurde durch Goebbels zum Heiligen. »Draußen in einem Proletarierviertel, hoch oben in einer Mansardenstube einer Mietskaserne baut er sich ein junges, schmales Dasein auf. Ein Christussozialist! Einer, der durch Taten ruft: ›Kommt zu mir, ich will euch erlösen‹«, so Goebbels' verlogener und in seiner massenpsychologischen Wirkung

Humor im braunen Männerbund. Die SA tat viel für die Freizeitgestaltung ihrer Männer. Und sie beglich manchmal auch Rechnungen ihrer häufig arbeitslosen Mitglieder. Die SA vermittelt jungen Männern Ansehen und ein Gruppenzugehörigkeitsgefühl. So wächst die militante Gruppe im Zeitraum von 1930 bis 1932 von 80000 auf 430000 Mann an.

genau berechneter Nachruf auf den SA-Mann in seinem Nazikampfblatt *Angriff:* »Der Tote, der mit uns ist, hebt seine müde Hand und weist in die dämmernde Ferne: Über Gräber vorwärts! Am Ende liegt Deutschland!«

Über Gräber vorwärts: Das ist für Goebbels die neue Parole des politischen Aktivismus auf der Straße, nachdem die nationale Einheitsfront des Reichsausschusses mit ihrem provokativen Plebiszit so kläglich gescheitert war. In der Abstimmung des Reichstags über das Volksbegehren hatte sich zudem gezeigt, daß die Deutschnationalen keineswegs alle gewillt sind, Alfred Hugenbergs Obstruktionspolitik mit allen ihren Konsequenzen zu folgen. Hugenberg war ein bedingungsloser Gegner der Demokratie und der Weimarer Verfassung, eine Haltung, die ihn selbst gegen Hindenburg aufbringen konnte. Bei der Abstimmung über den »Zuchthausparagraphen« waren ihm allerdings nur Dreiviertel seiner Anhänger gefolgt, der Rest hatte unter Führung des Fraktionsvorsitzenden Graf Westarp dagegen gestimmt. Die Deutschnationalen gelten den Nazis bald als unsichere Kandidaten. Anfang April 1930 tritt Hitler aus dem Reichsausschuß aus. Doch seine Nationalsozialisten sind nun bereits unübersehbar und unüberhörbar zu einem Machtfaktor auf Deutschlands Straßen und in der deutschen Politik geworden.

Die Weltwirtschaftskrise

Im August 1929 kommt das Berliner Institut für Konjunkturforschung zu dem Ergebnis, »daß fast alle Länder sich fern von Krise und Depression in einer konjunkturell günstigen Lage, in einem Aufschwung oder einer Hochkonjunktur befinden«. Tatsächlich sind in Deutschland im Laufe des Jahres die Arbeitslosenzahlen von fast drei Millionen im Frühjahr auf 1,7 Millionen im September gesunken. Doch dann bricht am 24. Oktober 1929, dem »Schwarzen Freitag«, der in Wirklichkeit ein Donnerstag war, plötzlich alles zusammen, als die New Yorker Börse auf einen durch Überspekulation ausgelösten erdrutschartigen Fall der Börsenkurse mit Panik reagiert. General Electric und die Investmentfirma Goldman Sachs hatte es zuerst getroffen.

In den folgenden Tagen setzt sich die Talfahrt fort, so daß schon nach kurzer Zeit die Kursgewinne eines ganzen Jahres verlorengegangen sind. 5000 Banken melden ihren Konkurs an. Dies sei ein Tag gewesen, an den sich die Börse erinnern werde, solange sie besteht, meint die *Berliner Zeitung* am 25. Oktober. Zunächst jedoch scheinen sich die Auswirkungen auf die deutsche Wirtschaft in Grenzen zu halten. In den ersten Tagen werden lediglich Verluste bei »schweren Werten« von um die zehn Prozent verzeichnet. Doch die deutsche Kreditwirtschaft und die Industrie sind zu sehr mit amerikanischen Banken verbunden, als daß es dabei bleiben würde. Kredite werden plötzlich, wie Gustav Stresemann es für diesen Fall vorausgesagt hatte, zurückgefordert, weitere Anleihen lassen auf sich warten.

Im Spätherbst bricht die Krise auch in Deutschland offen aus. Etwa 5000 Geschäftsleute müssen allein in Berlin im Dezember den Offenbarungseid leisten. Das Welthandelsvolumen geht zwischen 1929 und 1932 um 25 Prozent zurück. Im gleichen Zeitraum sinkt der deutsche Warenexport von 13,5 auf 5,7 Milliarden Reichsmark, die Industrieproduktion geht um 40 Prozent zurück. Die Arbeitslosigkeit steigt wieder sprunghaft an, von 1,7 Millionen im September 1929 auf über sechs Millionen 1932. Das Realeinkommen sinkt um ein Drittel, Armut und Kriminalität nehmen sprunghaft zu. Massenverelendung kennzeichnet das Alltagsleben breiter Bevölkerungsschichten.

Im Juli 1931 meldet der Nordwolle-Konzern in Bremen Konkurs an. Er hatte erst kurz zuvor auf der Grundlage fingierter Buchhaltung und gefälschter Rückforderungen einen Kredit von 50 Millionen von der Danatbank in der Berliner Behrenstraße erhalten. Die Nordwolle-Pleite löst nun auch in Deutschland einen »Schwarzen Freitag« aus. Die Danatbank, die schärfste Konkurrentin der Deutschen Bank, bricht zusammen. Der

Rosenfest, Worms, 1930. Im Umzug fordern die Gärtner der Region »Kauft nur deutsche Blumen«. »Kauft deutsche Waren beim deutschen Kaufmann!« propagieren die Kammern und Verbände des Einzelhandels, um die Wirtschaft zu stärken.

Diplomat Wolfgang zu Putlitz befürchtet, daß ein »Stillstand des gesamten Wirtschaftslebens« die unvermeidliche Folge sein wird. Erregte Kunden versuchen, die Depots der Danatbank zu stürmen, doch die Kassen sind leer. Niemand erklärt sich bereit, das Bankhaus durch einen Überbrückungskredit oder eine Fusion vor dem endgültigen Aus zu retten. Auch die Dresdner Bank ist in Schwierigkeiten.

Die Krise trifft zum ersten Mal die breite Masse der Bevölkerung, die einen solch massiven Eingriff in ihre Lebensgewohnheiten nie zuvor erlebt hat. Vor dem Marmorhaus am Berliner Kurfürstendamm sieht der für die *Frankfurter Zeitung* arbeitende Journalist Siegfried Kracauer wochenlang einen 25jährigen ehemaligen Kaufmann stehen, der sich ein Schild um den Bauch gehängt hat, auf dem steht, daß er Arbeit sucht, gleich welche. Ein »zuverlässiger, vielseitig gebildeter Kaufmann, Ende vierzig« sucht in einem Zeitungsinserat Arbeit mit dem Hinweis: »Ich pfeife auf Tarif!« Das Arbeitsamt für »wissenschaftliche, soziale und künstlerische Berufe« im Berolinahaus am Alexanderplatz ist genauso überfüllt wie die übrigen Arbeitsämter. Ärzte stempeln und auch Lehrer, die als Folge eines Notprogramms von der Stadt Berlin entlassen worden sind. Jeder zweite Schauspieler ist arbeitslos. Auch die Bauwirtschaft liegt darnieder. Wurden 1929 in Berlin noch 31509 Neubauwohnungen fertiggestellt, so sind es 1931 nur noch wenig mehr als 7000. Es trifft die Bauarbeiter, aber auch die Architekten. Ältere Menschen haben überhaupt keine Chance.

Hatte der Anteil der von der Arbeitslosenversicherung erfaßten Erwerbslosen zu Beginn des Jahres 1929 noch etwa 80 Prozent betragen, so sinkt er im Januar 1932 auf 30 Prozent ab, als mit sechs Millionen Arbeitslosen der Höhepunkt der Beschäftigungskrise erreicht ist. Nicht einmal ein Drittel der Arbeitssuchenden erhält auf dem Höhepunkt der Krise finanzielle Unterstützung aus der Arbeitslosenversicherung, die grundsätzlich nur ein halbes Jahr lang gewährt wird. Die meisten Erwerbslosen sind auf die Hilfe der Wohlfahrt angewiesen. Andere versuchen durch Heimarbeit, Hausieren und Tauschgeschäfte zu überleben oder ziehen als Straßenmusikanten von Haus zu Haus. Für unzählige Frauen ist Prostitution der letzte Ausweg. Auf eine Million Einwohner kommen 260 Selbstmorde. Die Weimarer Republik ist in ihren Grundfesten erschüttert.

Die Straße regiert

Die allgemeine Katastrophenstimmung verändert zunehmend auch die politischen Rahmenbedingungen. Mit dem zynischen Einleitungssatz: »Das Glück dieses Lebens in Schönheit und Würde vermochten nicht länger zu ertragen:« veröffentlicht Goebbels' *Angriff* mit Beginn der Weltwirtschaftskrise regelmäßig Listen der Namen von Selbstmördern, die aus Verzweiflung ihrem Leben ein Ende gesetzt hatten. Die Nazis nutzen die Krise skrupellos aus, auch um sich jetzt bei den Arbeitern der Städte als sozialpolitische Alternative zu den Parteien des »Systems« zu profilieren. Sie eröffnen Wohnheime für ihre arbeitslosen Mitglieder, in denen es warmes Essen gibt, und bieten diese Hilfe auch Arbeitslosen außerhalb der Partei an – teils des Propagandaeffekts wegen, teils um sich dadurch Nachwuchs für ihre SA-Trupps zu verschaffen. Sie sind nun überall anzutreffen, und sie verbreiten zunehmend ein Klima der Gewalt, wo immer sich dafür ein Anlaß bietet. »Ein nationalsozialistischer Trupp«, berichtet Siegfried Kracauer beispielsweise vom Kurfürstendamm, »glaubte sich von den Gästen im Café verhöhnt, stieg über die Brüstung und begann zu toben.« Solche Pöbeleien sind keineswegs Einzelfälle.

Als Anfang Januar 1931 SA-Leute zwei Mitglieder des republikanischen Reichsbanners erschießen, einer zum Schutz der Republik gegründeten

Organisation, hat Goebbels dafür nur den zynischen Kommentar übrig: »Das macht Respekt.« An dem Tag, als dies geschieht, ist er abends im Kino und sieht sich einen Film über Afrika und seine Tierwelt an. »So ist die Natur«, schreibt er nachts ins Tagebuch: »Kampf, Kampf schreit die Kreatur. Nirgends Friede, nur Mord, nur Totschlag, alles, um das Leben zu fristen. So beim Löwen, so beim Menschen.« Als hätten der verkommene Primitivismuskult der Nazis und ihre Anbetung der Gewalt auch nur das geringste mit sogenannten Naturgesetzen zu tun. Wenig später wird in Hamburg ein KPD-Abgeordneter von zwei SA-Männern in einem Omnibus erschossen. »Nun schreit die Judenrasse: Verbot!« kommentiert Goebbels, als wäre es nicht das Recht jedes zivilisierten Menschen, angesichts solcher Ungeheuerlichkeiten tatsächlich über ein Verbot der SA nachzudenken: »Aber wir behalten die Nerven.«

Hitler in Braunschweig, 1931. Nur sieben Tage nach einem gemeinsamen Aufmarsch mit Deutschnationalen und Mitgliedern des Stahlhelms in Bad Harzburg demonstriert die NSDAP durch einen Massenaufmarsch von 100000 SA- und Parteimitgliedern am 17. und 18. Oktober ihren Führungsanspruch auf seiten der nationalen Rechten. »Dies sind die letzten Feldzeichen, die ich euch vor der Machtübernahme übergebe!« ruft Hitler aus, bevor er 24 Standarten mit der »Blutfahne« des Jahres 1923 »weiht«.

Selbst vor dem Reichstag machen die Nazis nicht halt. Als der Sozialdemokrat Otto Wels sich am Mittag des 12. Mai 1932 dort mit Helmut Klotz trifft, der sich öffentlich über die Homosexualität des SA-Führers Ernst Röhm geäußert hatte, spielen im Parlamentsrestaurant nationalsozialistische Reichstagsabgeordnete plötzlich Rollkommando und schlagen Klotz in aller Öffentlichkeit zusammen. Wenig später erscheint der Berliner Polizeivizepräsident Weiß mit 50 Polizisten im Plenum, um die Täter festzunehmen. »Da kommt das jüdische Schwein, der Weiß«, grölt ihm Goebbels aus den Rängen der Naziabgeordneten entgegen, »und provoziert uns durch seine Anwesenheit.« Weiß, ein Sozialdemokrat, war für Goebbels die Verkörperung eines nichtswürdigen Feindes schlechthin. Er hat so gut wie keine Gelegenheit ausgelassen, ihn in der Öffentlichkeit wegen seiner jüdischen Herkunft als »Isidor Weiß« lächerlich zu machen.

Auf dem Kurfürstendamm »Juden jagen« wird unter Gauleiter Goebbels und dem Berliner SA-Chef Graf Helldorf zu einem makabren Nazisport, der lange vor der sogenannten Machtergreifung der Öffentlichkeit ganz ungeschminkt vorführt, was von den Nationalsozialisten in Zukunft zu erwarten ist. Am Abend des jüdischen Neujahrsfests am 12. September 1932, die Gottesdienste in den Synagogen an der Fasanenstraße und am Lehniner Platz waren gerade zu Ende gegangen, stürmen einige hundert SA-Männer in Zivil aus den Nebenstraßen auf den belebten Kurfürstendamm und rufen laut über Megaphone: »Juda verrecke! - Deutschland erwache!«

Der pogromartige Aufmarsch ist von Goebbels geplant und von Helldorf durchgeführt worden. An der Gedächtniskirche hat Graf Helldorf seinen Cadillac geparkt, aus dem heraus er seine Anweisungen erteilt und seinen Stabschef Ernst mit dem Auto den Boulevard hoch- und runterfahren läßt, um die Sache im Griff zu behalten. Dunkelhaarige Frauen, die wie Jüdinnen aussehen könnten, werden angepöbelt, jüdisch aussehende Männer zusammengeschlagen. Die Juden, tönen die Nazis, sind für alles Unglück der Deutschen verantwortlich, auch für die wirtschaftliche Krise und die Massenarbeitslosigkeit.

Doch die wirklichen Nutznießer der Massenarbeitslosigkeit sind die Kommunisten. Die KPD kann zwischen 1928 und 1932 die Zahl ihrer Mitglieder verdreifachen und die Zahl ihrer Wählerstimmen fast verdoppeln; allerdings ist zur gleichen Zeit die Anzahl ihrer Betriebszellen im Vergleich zu den Straßenzellen rückläufig. Immer mehr wird die KPD zu einer Partei der Arbeitslosen. Die Partei befand sich seit dem 6. Weltkongreß der Kommunistischen Internationale 1928 auf einem verschärften Linkskurs, der die Sozialdemokraten immer mehr zum eigentlichen Hauptgegner erklärte, denen man nun auch eine beträchtliche Mitschuld an der hohen Arbeitslosigkeit leicht in die Schuhe schieben konnte. Was die Frontstellung der Kommunisten gegen die »sozialfaschistische« SPD darüber hinaus besonders verhärtete, waren die Ereignisse des sogenannten Berliner Blutmai 1929.

Rechte Seite: SA-Männer in den typischen braunen Uniformen, um 1933. Am linken Arm wird die sogenannte Kampfbinde mit Hakenkreuz getragen. Zur Uniform gehören die Sturm- und Dienstgradabzeichen, die am Hemdkragen angebracht und je nach Gau (Gebietsgliederung) farblich unterschiedlich gestaltet sind.

Trotz Demonstrationsverbots durch den sozialdemokratischen Berliner Polizeipräsidenten Zörgiebel hatte die KPD am 1. Mai zu einer Massendemonstration aufgerufen. Tausende sind diesem Aufruf gefolgt und ziehen von den Berliner Außenbezirken in das Stadtzentrum. Als sich ihnen 13000 Polizisten entgegenstellen, kommt es in ganz Berlin zu blutigen Straßenkämpfen, in deren Verlauf die Polizei schließlich

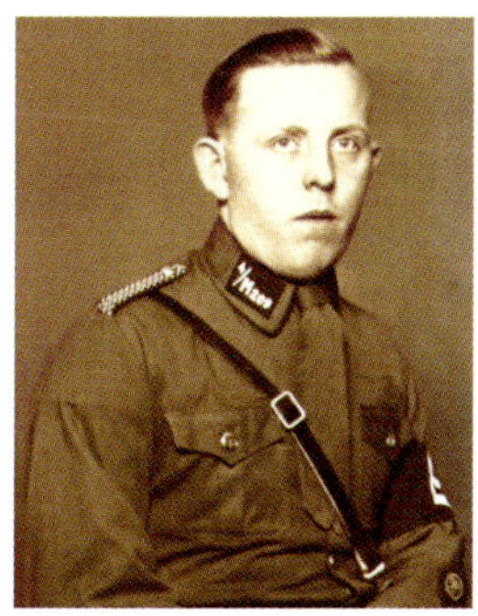

Preußische Schutzpolizei steht im September 1932 als ständige Wache im Vorraum eines Berliner Filmtheaters, in dem der Film »Im Westen nichts Neues« nach dem gleichnamigen Buch von Erich Maria Remarque gezeigt wird. Der Produzent des Films, Carl Laemmle, stammt aus Laupheim in Franken. In den zwanziger Jahren unterstützt der Eigner der Universal-Studios dort zahlreiche karitative Einrichtungen und die jüdische Gemeinde. 1926 wird er Ehrenbürger seiner Geburtsstadt. Nach der Machtergreifung der Nazis ermöglicht Laemmle 300 jüdischen Mitbürgern durch Bürgschaften die Emigration in die USA.

»Im Westen nichts Neues«

Erich Maria Remarques Antikriegsroman Im Westen nichts Neues *ist den Verfechtern der Dolchstoßlegende ein Dorn im Auge. Im Dezember 1930 läuft Lewis Milestones amerikanische Verfilmung des Buches in den Berliner Kinos an. Die Premiere ist für den nationalsozialistischen Gauleiter Joseph Goebbels ein willkommener Anlaß für ein Propagandafeuerwerk.*

Als am 4. Dezember im Mozartsaal am Nollendorfplatz die Lichter ausgehen, beginnen bereits nach den ersten Bildern die Sabotageaktionen der SA-Rollkommandos. Der Filmfreund Goebbels ist persönlich anwesend. Zwischenrufe, Stinkbomben und freigelassene weiße Mäuse sprengen die Vorstellung. Die Kinoleitung muß den Saal räumen lassen.

Die Krawallaktionen der NSDAP und ihrer Sympathisanten gehen am Tag nach der Premiere weiter. Die Vorführungen vom 6. und 7. Dezember finden unter massivem Polizeischutz statt. Auch an den folgenden Tagen beherrschen pöbelnde und randalierende Nationalsozialisten das Areal rund um den Nollendorfplatz.

Am 8. und 9. Dezember feiern 6000 Nationalsozialisten eine Brandrede von Goebbels gegen den Film. Der preußische Innenminister Severing und Berlins Polizeipräsident Grzesinski reagieren auf die eskalierenden Ausschreitungen mit einem Demonstrationsverbot. Ihre Versuche, Passanten und Besucher auf dem Weg vom U-Bahnhof zum Kinosaal durch ein Polizeiaufgebot zu schützen, scheitern. Die Staatsmacht kann ihre Sicherheit nicht garantieren und nimmt das eigene Versagen zum Anlaß, dem Film die Freigabe zu entziehen.

Der Film nach dem seit 1929 mit einer Auflage von einer Million Exemplaren verkauften Roman von Erich Maria Remarque läuft in den deutschen Kinos gerade einmal sechs Tage.

in die Menge schießt. Unter Führung des Roten Frontkämpferbunds (RFB) errichten die Demonstranten daraufhin Barrikaden und Straßensperren. In den Bezirken Neukölln und Wedding wird der Ausnahmezustand ausgerufen. Im Wedding kommt es zu regelrechten Straßenkämpfen. In der Kösliner Straße schießen Heckenschützen von Dachböden und Dächern auf die heranrückende Polizei, die ihrerseits Panzerwagen einsetzt und von der Schußwaffe Gebrauch macht. Die drei Tage anhaltenden Unruhen fordern 33 Tote und 200 Verletzte.

Wenig spricht dafür, daß die Kommunisten tatsächlich einen Aufstand beabsichtigt hatten. Hier war vielmehr etwas aus den Fugen geraten, was allerdings ohne die erhebliche Gewaltbereitschaft seitens des Roten Frontkämpferbundes kaum passiert wäre. Aber auch kaum ohne eine Obsession des sozialdemokratischen Polizeipräsidenten Zörgiebel, die Carl von Ossietzky in der *Weltbühne* mit den Worten beschrieben hat: »Herrn Zörgiebel beängstigt ein rotes Kommunistenfähnchen mehr als die stolz wehenden Vereinsbanner sämtlicher Berliner Spitzbuben.« Mehr als 1200 Personen werden verhaftet, der paramilitärische Rote Frontkämpferbund mit seinen 80000 Mitgliedern wird verboten. Doch Zörgiebels rabiates Vorgehen während des 1. Mai 1929 bleibt nicht unumstritten. »Genosse Z. fehlt es nicht an Strammheit«, meint Carl von Ossietzky, »wohl aber an politischem Verstand.« Zörgiebel wird im Laufe des Jahres 1930 in den einstweiligen Ruhestand versetzt.

Zörgiebels Polizeiaktion hatte die Bürgerkriegsstimmung unter den Kommunisten ganz erheblich angeheizt. Sie sehen sich jetzt sowohl von seiten des Staats als auch der Nazis herausgefordert, was so weit gehen kann, daß der KPD-Vorsitzende Ernst Thälmann den »Sozialfaschismus« der SPD nach dem Berliner Blutmai zu einer besonders gefährlichen Erscheinungsform des Faschismus erklärt. Die KPD ist und bleibt eine Partei, die sich, bei allen Auseinandersetzungen, die sie mit den Nazis hatte, außerhalb des Verfassungskonsenses der Weimarer Republik bewegt. Schon die Wahl des nationalkonservativen Paul von Hindenburg zum Reichspräsidenten 1925 hatte sie indirekt mit dem Argument befördert, daß es nicht die Aufgabe des Proletariats sein könne, »den geschicktesten Vertreter der Bourgeoisinteressen auszusuchen«.

Der Rote Frontkämpferbund bleibt auch nach seinem Verbot im Untergrund weiter aktiv, teils über den Kampfbund gegen den Faschismus, der 1930 als Nachfolgeorganisation gegründet wird, teils in kleinen Kommandos. Erich Mielke, der spätere DDR-Minister für Staatssicherheit, gehörte zu einem solchen aus dem kommunistischen Untergrund stammenden Kommando, das bei einem geplanten Attentat drei Polizisten im August 1931 in der Nähe des Berliner Bülowplatzes erschoß.

Ein anderes Kommando wird in der Neuköllner Richardstraße aktiv, nachdem der SA-Sturm 21 dort in einer Kneipe einen Stützpunkt eingerichtet hat, von dem aus er den »roten« Bezirk unsicher machen will. Abgelenkt von einer Scheindemonstration, bemerkt die Polizei nicht, wie fünf Leute in das Lokal eindringen und mehrere Schüsse abgeben. Vier Personen werden verletzt, der Gastwirt wird tödlich getroffen. »Die RFB-Leute«, berichtet der ehemalige Kommunist Arthur Koestler in seinen Erinnerungen über solche Kommandounternehmen, »waren manchmal recht finstere Gesellen aus der Berliner Unterwelt. Ihr Kommen wurde vorher telefonisch oder durch mündliche Botschaft von der Bezirksleitung angemeldet; nur selten tauchten dieselben Männer ein zweites Mal auf.«

Die Kämpfe zwischen Nazis und Kommunisten nehmen manchmal ein Ausmaß an, daß viele schon von bürgerkriegsähnlichen Zuständen sprechen. Bis Ende 1932 sterben 94 Braunhemden bei blutigen Saal- und Straßenschlachten mit dem Roten Frontkämpferbund. Eine Terrorwelle der SA überzieht mit unzähligen Mord- und Bombenanschlägen das Land. In Königsberg werden Parteibüros und Zeitungsredaktionen von Liberalen und Sozialdemokraten in Brand gesteckt und mehrere prominente Kommunisten ermordet. In Schlesien werden Einrichtungen des Zentrums, der SPD und der KPD mit Gewehrschüssen und Handgranaten attackiert. In den großen Städten herrscht manchmal das Bild eines Bandenkriegs vor, bei dem die »Roten« allerdings meist unterlegen sind. »Von Zeit zu Zeit zerschossen die Nazis, in der klassischen Gangstertradition Chicagos, eines unserer Verkehrslokale«, erzählt Arthur Koestler: »Eine Bande von SA-Leuten pflegte dann langsam an der Kneipe vorbeizufahren und durch die Fensterscheiben zu schießen; dann rasten sie mit halsbrecherischer Geschwindigkeit davon.«

Das Sprengen von Versammlungen politischer Gegner und die eingedrillte Kampftaktik der SA, der abrupte Ausbruch aus einer disziplinierten Marschformation in die hemmungslose Verübung von Gewalttaten, all das gehört Anfang der dreißiger Jahre zum alltäglichen Erscheinungsbild. Etwa 300 Tote und über 1100 Verletzte lautet die Bilanz des Wahlkampfs im Vorfeld der Reichstagswahl vom 31. Juli 1932. Den Höhepunkt der blutigen Aktionen bildet der »Altonaer Blutsonntag« am 17. Juli 1932, als sich aus einem Demonstrationsmarsch der SA durch den stark kommunistisch geprägten Hamburger Stadtteil eine stundenlange Schießerei mit 18 Toten entwickelt.

Rechte Seite: Plakatwand mit Wahlpropaganda in der Goldbacher Straße in Aschaffenburg zur Reichstagswahl im September 1930. Diese Wahl bringt den Durchbruch für die NSDAP, die mehr als 18 Prozent der Stimmen erringen wird und vor allem die liberalen Parteien schwächt. Auf der Linken gewinnt die KPD auf Kosten der Sozialdemokraten. Im bayerischen Aschaffenburg kandidiert die Bayerische Volkspartei und nicht das Zentrum.

Wir halten fest am Wort Gottes!
Wählt deutschnational
Bayern!
Freiheit und Brot
Wählt Deutschnational
Wir kämpfen
Wir kämpfen
Wählt Liste Nr. 2
DEM SIEGE ENTGEGEN
WÄHLT DEUTSCHNATIONAL
Seht – wählt die Sozialdemokraten
WER RETTET DEUTSCHLAND ?
WÄHLT LISTE 1
SOZIALDEMOKRATEN
NATIONAL SOZIALIST
Wählt Sozialdemokraten Liste 1
Wählt Sozialdemokraten Liste 1
Frauen! sorgt für Wohnung Wohlstand Wissen
Deutsche Demokraten
7 Was die 7 Bayerische Volkspartei will:
Liste 7 Bayerische Volkspartei
Deutsche Demokratische Partei
Hin zur Mitte Wählt Liste 6
Säubert das Reich! wählt Deutsche Demokraten! LISTE 6
Die Deutsche Volkspartei
Die Deutsche Volkspartei
Liste 4
Denk an Kind und Zukunft! — Wähle — Nationalsozialistische Deutsche Arbeiter-Partei Liste 10
Deutsche
SEID EINIG
Volks: Partei!
LISTE 4
Parole: Liste 7 Bayerische Volkspartei
Mein politisches Bekenntnis!
Macht mit dem Skandal ein Ende, wählt Sozialdemokraten!
Liste 1
Wähle Liste 9

Konrad Pieczuch, einen arbeitslosen polnischen Bergarbeiter und Kommunisten aus Potempa im oberschlesischen Kreis Gleiwitz, trifft es besonders brutal. Betrunkene SA-Leute, die eine Rechnung mit ihm begleichen wollen, dringen in sein Haus ein, reißen ihn aus dem Bett, schießen ihn an und trampeln ihn vor den Augen seiner Mutter zu Tode. Innerhalb von zwei Tagen werden die meisten Verdächtigen festgenommen und dem Sondergericht Beuthen überstellt, das sie nach den Bestimmungen der Notverordnung gegen den politischen Terror vom 9. August 1932 zum Tode verurteilen kann. Am 22. August beginnt der Prozeß, in dem vier der angeklagten SA-Männer tatsächlich wegen gemeinschaftlichen politischen Totschlags zum Tode verurteilt werden. »Eure Freiheit ist von diesem Augenblick an eine Frage unserer Ehre«, läßt Hitler den Verurteilten daraufhin in einem veröffentlichten Telegramm mitteilen, »der Kampf gegen eine Regierung, unter der dieses möglich war, unsere Pflicht.«

Zu dieser Zeit ist Hitler schon mit konkreten Plänen für den Endspurt zu seiner »Machtergreifung« befaßt. Daß er sich das »Recht« nimmt, rechtmäßig verurteilte Gewaltverbrecher und Mörder öffentlich gegen die Justiz in Schutz zu nehmen, läßt für seine künftigen Vorstellungen von »Recht und Ordnung« kaum Gutes ahnen. Seine künftigen deutschnationalen Verbündeten scheint das aber ebensowenig gestört zu haben wie den Reichspräsidenten Paul von Hindenburg. Für Goebbels sind die Schuldigen am Urteil von Beuthen schnell ausgemacht. »Vergeßt es nie, Kameraden! Sagt es Euch hundertmal am Tage vor, daß es Euch bis in Eure Träume verfolgt: Die Juden sind schuld!« tönt er im *Angriff*. »Und sie werden dem Strafgericht, das sie verdienen, nicht entgehen.«

Wege in die Diktatur

Der Republik drohen aber auch andere Gefahren. »Kommen wir im Reich nicht zu geordneten Regierungsverhältnissen«, schreibt Reichskanzler Hermann Müller am 12. Februar 1929, besorgt über die diktatorischen Entwicklungen in Serbien und im benachbarten Polen, an den Parteifreund Otto Wels, »so ist das der Bankrott des auf der Weimarer Verfassung gegründeten Parlamentarismus im Reich.« Müller befürchtet, daß die autoritären Gruppierungen, die besonders in Süd- und Osteuropa auf dem Vormarsch waren, »die Strömung im bürgerlichen Lager in gleicher Richtung treiben« könnten. In Ungarn herrscht Horthy, in Spanien Primo de Rivera, in Portugal Salazar, in Polen Pilsudski, von der Anziehungskraft Mussolinis auf gewisse Kreise ganz zu schweigen. Müller hatte mit seiner Befürchtung durchaus recht.

Auch Gustav Stresemann, den Außenminister seiner Regierung, beschleichen zu dieser Zeit ähnliche Befürchtungen wegen einer bevorstehenden Unregierbarkeit der Demokratie. »Wir stehen in einer Krise des Parlamentarismus, die schon mehr als eine Vertrauenskrise ist«, erklärt er Ende Februar vor dem Zentralvorstand seiner Partei. Ein stabiles parlamentarisches Regime, so Stresemann, erfordere, besonders bei Koalitionsregierungen, die Fähigkeit zum politischen Kompromiß und nicht »die alte philisterhafte Auffassung, daß der Abgeordnete der gegebene Gegner des Staates sein müsse«. Dafür hatte es in der Vergangenheit genügend Beispiele gegeben, und die Regierung Müller war mehr als einmal wegen der Verweigerungshaltung von Teilen der sie tragenden Parteien, auch der SPD selbst, im Reichstag kurz vor einem Offenbarungseid gewesen. Diese innere Verfassung macht das Parlament immer anfälliger für Kritik von rechts.

»Männer von Bedeutung sitzen nicht in den Parlamenten«, hatte bereits 1926 der rechtskonservative Intellektuelle Friedrich Georg Jünger behauptet. »Das allgemeine Wahlrecht ist ein Sieb für betriebsame Agitatoren und Dummköpfe, wie man es geistreicher nicht erfinden konnte.« Stimmen wie diese rufen schon seit geraumer Zeit nach einem »Führer«, ohne dabei an den vorerst noch unscheinbar wirkenden Adolf Hitler zu denken. Das Führertum, verkündet eine Flut von konservativem Schrifttum, werde die »mechanischen« Mängel der Demokratie beseitigen. Doch genauso inflationär wie der Ruf nach einem Führer ist die Klage über mangelnde Führerpersönlichkeiten im Deutschen Reich. Die Führer der nationalen Rechten, klagt Oswald Spengler, der Autor von *Der Untergang des Abendlandes*, seien allesamt »politisch unbegabt bis zum Schwachsinn«. Am ehesten sehen manche Kreise noch in Paul von Hindenburg, dem Helden von Tannenberg und Reichspräsidenten, eine akzeptable künftige Führerfigur.

Das »Führertum Hindenburg«, wie der Staatssekretär des Reichspräsidenten, Otto Meißner, diese Option nennt, hatte zudem den Vorteil, daß es sich im Rahmen von Sonderregelungen der Weimarer Verfassung verwirklichen ließ.

Im Prinzip war es möglich, mit präsidialen Vollmachten auch gegen das Parlament zu regieren. Artikel 48 gab dem Reichspräsidenten das Recht, in einem nur unklar definierten Notstandsfall unter Umgehung des Reichstags, Gesetze in Form von Verordnungen zu erlassen, und Artikel 53 ermöglichte ihm die Ernennung eines Reichskanzlers seiner Wahl, selbst wenn der über keine parlamentarische Mehrheit verfügte. Nun werden diese unpräzisen Bestimmungen für manche Kreise zum Anlaß, über die juristische Möglichkeit eines »legalen Staatsstreichs« nachzudenken.

Den Anfang macht der Jurist Carl Schmitt, der 1929 behauptet, nicht das Parlament, sondern der Reichspräsident sei der »Hüter der Verfassung«. Beide seien zwar vom Volk gewählt, aber nur der Präsident verfüge über die Autorität, den zentrifugalen Kräften des politischen Pluralismus entgegenzuwirken. Im Zweifelsfall sei es seine Aufgabe, »den verfassungsmäßigen Gesetzgebungsstaat, dessen gesetzgebende Körperschaft pluralistisch zerteilt ist, gegenüber einem verfassungswidrigen Pluralismus zu retten«. Die Weimarer Verfassung, will Schmitt damit sagen, sehe nicht nur die legale und demokratisch legitimierte Möglichkeit einer Präsidialdiktatur vor, diese sei sogar der eigentliche Kern ihrer Legitimität. »Unsere Demokratie ist Hindenburg«, bringt die Zeitschrift *Deutsches Volkstum* diese Position im gleichen Jahr auf einen griffigen Nenner.

Schmitts Vorschläge sind auf ein breites Interesse gestoßen, vor allem in der Umgebung des Reichspräsidenten selbst, wo man seit längerem mit ähnlichen Überlegungen beschäftigt war, die Schmitt nun gewissermaßen mit einem Rechtsgutachten abgesegnet hatte. Besonders General Kurt von Schleicher, der sich wegen der Wiederbewaffnungspläne der Reichswehr Sorgen um die politische Stabilität machte, hat solche Impulse dankbar aufgegriffen. Im August 1929 weiht er den Zentrumspolitiker Heinrich Brüning in Hindenburgs Plan ein, »zusammen mit der Reichswehr und den jüngeren Kräften im Parlament die Dinge vor seinem Tode in Ordnung zu bringen«. Schleicher hatte dem Präsidenten eine Ablösung des Kabinetts Müller durch eine rechtsgerichtete, von den Parteien unabhängige Regierung unter Brünings Führung nahegelegt. Von solchen Planspielen hinter den Kulissen weiß der sozialdemokratische Kanzler Hermann Müller natürlich nichts.

Kurt von Schleicher hatte seit 1913 dem Großen Generalstab angehört und war seit dem Beginn des Ersten Weltkriegs Mitglied der Obersten Heeresleitung gewesen. 1926 wurde er unter Reichswehrminister Groener Leiter der Abteilung Wehrmacht beim Reichswehrministerium, wenig später stieg er auf zum Chef des Ministeramtes im Reichswehrministerium und Generalmajor. Der Generalstäbler Schleicher war das Musterbeispiel eines politisierenden Militärs, selbstbewußt, kultiviert, intelligent und mit einem erheblichen Hang zu politischem Intrigenspiel ausgestattet. Schleicher war Groeners »graue Eminenz«, eine Rolle, die er dank seiner Freundschaft mit dem Präsidentensohn Oskar von Hindenburg bald auch im Reichspräsidialamt spielen sollte. Er gewinnt zunehmend an politischem Einfluß, vor allem auf Hindenburg selbst.

Graf Kuno von Westarp, der 1928 von Alfred Hugenberg verdrängte ehemalige Parteivorsitzende der Deutschnationalen, hat seinerseits dazu beigetragen, die Optionen auf eine Präsidialdiktatur Hindenburgs

Heinrich Brüning: Der Abschied von der Republik

Der katholische Staatswissenschaftler und Zentrumspolitiker Heinrich Brüning (1885–1970), Sohn eines Weinhändlers und Essigfabrikanten aus Münster, ist ein im persönlichen Umgang schweigsamer und spröder Junggeselle. Durch seine Integrität und finanzpolitische Sachkenntnis erwirbt er sich im Reichstag, dem er seit 1924 angehört, großes Ansehen.

Der ehemalige Geschäftsführer des (christlichen) Deutschen Gewerkschaftsbundes ist für Reichspräsident von Hindenburg der geeignete Mann, um Deutschland durch die schwere Wirtschaftskrise nach 1929 zu führen. Aber nach zwei Jahren und zwei Monaten kündigt der Reichspräsident Brüning, der mit mehr als 60 Notverordnungen sein Sparprogramm im Parlament durchgesetzt hat, die Zusammenarbeit auf. Ihr Gespräch am 30. Mai 1932 dauert nur dreieinhalb Minuten: »Ich wurde auf 11 Uhr 55 bestellt. Um 11 Uhr 54 wurde ich hereingeführt zum Reichspräsidenten. Ich überbrachte die Demission. Einige höfliche Worte auf beiden Seiten. ... Ich erhob mich.«

Heinrich Brüning als Reichskanzler. Seine zweite Regierung tritt am 30. Mai 1932 zurück, da ihr Hindenburg sieben Wochen, nachdem Brüning maßgeblich zur Wiederwahl Hindenburgs beigetragen hat, das Vertrauen entzieht. Es ist die einzige Kabinettsdemission der Weimarer Republik, die allein aus dem Vertrauensentzug seitens des Reichspräsidenten resultiert.

1934 verläßt Brüning Deutschland und entgeht dadurch knapp seiner Verhaftung. Er emigriert in die USA, wo er ab 1939 an der Harvard-Universität Staatswissenschaften lehrt. Nach dem Krieg kehrt Brüning für einige Jahre als Professor nach Köln zurück. Er stirbt am 30. März 1970 in Norwich, USA.

zu befördern. Hugenberg hatte einen Kurs der Fundamentalopposition zum Weimarer Staat und zu Hindenburg beschritten, doch Westarp war mit dem Präsidenten immer in Kontakt geblieben und hatte ihn davon zu überzeugen versucht, daß ein dauerhafter Machtwechsel zugunsten der politischen Rechten auch innerhalb der Weimarer Reichsverfassung möglich sei.

Auf Hindenburg müssen solche Planspiele wie die endlich gelungene Durchschlagung eines gordischen Knotens gewirkt haben. Er hatte, als er

1925 zum Reichspräsidenten gewählt wurde, seine Kandidatur von der Zustimmung des im holländischen Exil lebenden Kaisers abhängig gemacht, um als Herzensmonarchist nicht in den Verdacht zu geraten, er habe sich an die Republik verkauft. Er war Ehrenmitglied des Stahlhelm, der 1924 alle Juden aus seinen Reihen ausgeschlossen hatte und eine strikt antiparlamentarische Position bezog. Doch er war auch ein preußischer Offizier, dessen Ethos es ihm verbot, offen das Mittel eines Staatsstreichs in Erwägung zu ziehen, um seine Ziele zu erreichen. Jetzt schien sich eine Möglichkeit zu eröffnen, beides miteinander zu verbinden: der »legale Staatsstreich«.

Zumindest teilweise ist die große Koalition Hermann Müllers letztlich dennoch weniger an den Intrigen ihrer Feinde als an inneren Streitigkeiten zerbrochen. Bis zum 12. März 1930, dem Tag der dritten Lesung der mit deutlicher Mehrheit angenommenen Young-Gesetze, hielt sie zusammen. Doch dann brach sie innerhalb von vierzehn Tagen wegen der Frage der Reform der Arbeitslosenversicherung auseinander. Vor allem Gewerkschaftsvertreter und Arbeitsminister Wissell hatten sich immer wieder gegen einen vom Zentrum vorgelegten Kompromiß gesträubt. Nachbesserungswünsche wurden von einer immer mehr nach rechts gerückten DVP strikt abgelehnt. Hindenburg hatte daraufhin am 11. März Müller in Aussicht gestellt, der Regierung die Vollmachten des Artikels 48 zu gewähren, mit denen der Zentrumskompromiß auch ohne Reichstagsmehrheit hätte durchgesetzt werden können. Doch nach erfolgreicher Verabschiedung der Young-Gesetze ist davon keine Rede mehr, wenn diese Zusage je ernst gemeint war. Hermann Müller, nun wieder auf Parlamentsmehrheiten angewiesen, scheitert letztlich an den Widerständen in der eigenen Fraktion und gibt am 27. März auf. »Es gibt ein Maß von Einsichtslosigkeit, das zur Schuld wird«, kommentiert am nächsten Tag die *Frankfurter Zeitung*. »Die Sozialdemokratie hat mit der Sprengung der Koalition gestern das Spiel ihrer Gegner gespielt.« Das ist allerdings nur die eine Seite.

Hermann Müller, dessen Kabinett das langlebigste der Weimarer Republik war, hätte es möglicherweise gelingen können, auch diese Krise mit Unterstützung des Reichspräsidenten zu überwinden. Das jedoch wollte im Präsidialamt niemand. Man wollte die Sozialdemokratie dauerhaft von der Macht verdrängen und war glücklich darüber, daß man die Sache nun so darstellen konnte, als habe sie sich selbst aus der Macht entlassen. »Das ist die erste Etappe zu Ihrer Lösung«, sagt Staatssekretär Meißner zu Kurt von Schleicher nach dem Rücktritt Müllers, »zum Führertum Hindenburg.«

Carl Schmitt wußte, weshalb er in der Schrift *Legalität und Legitimität* 1931 mit seinem präsidialen Modell noch einen Schritt weiterging als zwei

Bäuerliche Großfamilie Ende der zwanziger Jahre im südlichen Oldenburg. Von rund fünf Kindern pro Familie am Ende des 19. Jahrhunderts hat sich bis in die zwanziger Jahre die Zahl der Kinder in Deutschland auf durchschnittlich zwei reduziert.

Jahre zuvor. Jetzt fordert er die Preisgabe des ganzen ersten Teils der Weimarer Verfassung, der die parlamentarische Demokratie und den bundesstaatlichen Aufbau des Reichs regelte. Nach wie vor nämlich kann der Reichspräsident Notverordnungen nur erlassen, wenn die Kabinettsvorlagen im Parlament keine Mehrheit finden, und nach wie vor führt dies regelmäßig zur Auflösung des Parlaments und zu Neuwahlen.

Heinrich Brünings neues Kabinett aus Zentrum, Liberalen und Deutschnationalen, von der Zeitschrift *Deutsches Volkstum* als Synthese von Frontgeist und katholischem Christentum begrüßt, übersteht im Reichstag immerhin das erste Vierteljahr mit jeweils knappen Mehrheiten. Doch als dann der Steuerausschuß eine Deckungsvorlage zum Haushalt ablehnt, greift der Kanzler sofort auf das System der Notverordnungen zurück. Brüning hätte, wäre er auf ein entsprechendes Angebot Rudolf Breitscheids von der SPD eingegangen, auch hier eine parlamentarische Lösung finden können. Aber er wollte seine Politik der Sanierung der Staatsfinanzen mit der Rückendeckung des Reichspräsidenten kompromißlos so durchsetzen, wie er es sich vorstellte, notfalls auch gegen das Parlament. Nach der Auflösung des Reichstags kann das Kabinett in den drei Monaten bis zu Neuwahlen auf dem Verordnungsweg Gesetze erlassen und regieren. Ein-

Bürgerliche Familie in Essen, Ende der zwanziger Jahre. Bei der Stadtverordnetenwahl am 12. März 1933 wählen in der Bergarbeiter- und Stahlstadt Essen noch immer 33,1 Prozent Zentrum, 13,6 Prozent KPD, 9,8 Prozent SPD, 6,2 Prozent die deutschnationalen Verbündeten der NSDAP und 34,3 Prozent die Nationalsozialisten.

mal erlassene Gesetze wieder zu Fall zu bringen, das weiß auch Brüning, ist in der Regel keine einfache Sache. Doch er hätte auch wissen müssen, daß Neuwahlen in einer Zeit der sich verschärfenden Wirtschaftskrise mit erheblichen politischen Risiken verbunden sein können.

Gewinner der Wahlen am 14. September 1930 sind, womit niemand gerechnet hatte, die Nazis und in geringerem Maße die Kommunisten. Hitlers Bewegung verbucht den bisher größten Erfolg ihrer Geschichte. Bei den letzten Wahlen 1928 hatte sie 800 000 Stimmen oder 2,6 Prozent erhalten, jetzt war sie über Nacht auf 6,4 Millionen Stimmen oder 18,3 Prozent emporgeschnellt, eine Steigerung um 700 Prozent und ein für die bisherige europäische Geschichte beispielloser Vorgang. Die Kommunisten hatten sich von 10,6 auf 13,1 Prozent verbessern können. Als die 107 Naziabgeordneten Mitte Oktober in Braunhemden zur Eröffnungssitzung des Reichstags erscheinen, um damit gegen das von der preußischen Regierung erlassene Uniformverbot zu protestieren, erklärt ihr Reichsorganisationsleiter Gregor Strasser süffisant, die Nationalsozialisten, »Antiparlamentarier aus Prinzip«, würden heute gegenüber den präsidialen Diktaturplänen »nahezu die Schützer der Weimarer Verfassung« sein müssen. Auf der Leipziger Straße randalieren indes SA-Trupps und schlagen die Schaufensterscheiben der Kaufhäuser von Wertheim und Grünfeld ein, am Potsdamer Platz grölen sie »Deutschland erwache!« und »Juda verrecke!«.

Die Rechnung der Strategen im Präsidialamt war nicht aufgegangen. Jede künftige Präsidialregierung würde in Zukunft entweder auf die Tolerierung der Nationalsozialisten oder der Sozialdemokraten angewiesen sein. Was das für eine Politik bedeuten konnte, die den Sozialdemokraten für immer den Weg zur Macht versperren wollte, war jetzt schon absehbar.

»Jedenfalls war der ohne Not eingeleitete Restaurationskurs schon im September 1930 katastrophal gescheitert«, meint der Historiker Eberhard Jäckel. »Wenn man ihn fortführte und den Reichstag erneut auflöste, riskierte man, daß über kurz oder lang Hitler an die Macht kam.«

Hermann Brünings Regierung, einmal als Präsidialkabinett geplant, kann die nächste Zeit nur deshalb überleben, weil die SPD beschließt, es trotz seiner auf Sozialabbau basierenden Spar- und Inflationspolitik und seiner mangelnden Kompromißbereitschaft im übergeordneten Interesse der Erhaltung der Demokratie zu tolerieren. »Der Nationalsozialismus ist durch uns von der Regierungsmacht zurückgehalten worden«, erklärt der stellvertretende Fraktionsvorsitzende der SPD, Wilhelm Sollmann, seinen Genossen die Tolerierungspolitik gegenüber Brüning. Dadurch sind die Sozialdemokraten aber, kaum aus der Macht entlassen, wieder zu einem, wenn auch indirekten, Machtfaktor geworden. Vorerst hatte damit die »konservative Revolution« von Schleichers Strategen im Präsidialamt ihr Ziel doch nicht erreichen können.

Die noch weiter rechtsaußen stehenden Gegner der Weimarer Republik machen unterdes Fundamentalopposition gegen die Regierung. Auf Initiative von Alfred Hugenberg trifft sich am 11. Oktober 1931 in Bad Harzburg die »Nationale Opposition« zu einer Großveranstaltung. Hitlers NSDAP ist geladen, der Stahlhelm und der Alldeutsche Verband, die mit den Deutschnationalen bereits zwei Jahre zuvor gemeinsam den Young-Plan bekämpft hatten. Dazu der Reichslandbund und rechtskonservative Persönlichkeiten wie der ehemalige Reichsbankpräsident Hjalmar Schacht, der 1930 aus Protest gegen den Young-Plan von seinem Amt zurückgetreten war, und der ehemalige Reichswehrchef Hans von Seeckt. Das Präsidialkabinett von Reichskanzler Heinrich Brüning soll sturmreif geschossen werden.

Doch eine Einheitsfront wie der bereits auseinandergebrochene Reichsausschuß kommt nicht zustande. In auffälliger Weise demonstriert vor allem ein selbstbewußt auftretender Hitler Distanz. Am gemeinsamen Mittagessen der Tagungsprominenz nimmt er nicht teil. Nach dem Vorbeimarsch der SA verläßt er demonstrativ die Tribüne, ohne die Parade des

Kurt von Schleicher: Der gestürzte Intrigant

Kurt von Schleicher verläßt am 28. Januar 1933 mit seiner Frau Elisabeth den Sitz des Reichspräsidenten. Er hat in einem Gespräch mit Hindenburg den Rücktritt seiner Regierung eingereicht und damit Hindenburg den Weg zur Ernennung Hitlers als Reichskanzler freigemacht.

Bevor Kurt von Schleicher (1882–1934) Ende 1932 für zwei Monate Reichskanzler wird, ist er 30 Jahre Soldat. Der während der Weimarer Republik zum Generalmajor und verbeamteten Staatssekretär im Reichswehrministerium aufgestiegene, nie einer Partei angehörende von Schleicher ist, wie Golo Mann schreibt, »der Mann der persönlichen Beziehungen, der Salongespräche und geheimen Intrigen, als Sachverwalter der politischen Interessen des Heeres hatte er sich zu Zwecken der Beeinflussung und Abwehr einen beträchtlichen Apparat aufgebaut... Hindenburg, abhängig von Beratern,... hörte gern auf den eleganten, schlauen, stets wohlgelaunten und wohllebigen Offizier.«

Als Reichskanzler Franz von Papen aufgeben muß, schlägt Schleichers Stunde. Noch einmal Golo Mann: »Die Demokratie Stresemanns, die Halbdemokratie Brünings, das autoritäre Husarenregime Papens, sie waren alle ruiniert. Es blieb, schien es, nur noch die Armee selber.« Aber auch Kurt von Schleicher kann Hitler weder »zähmen« noch in das Machtgefüge integrieren und tritt am 28. Januar 1933 nach nur 57 Tagen Amtszeit zurück.

Den Nationalsozialisten ist Kurt von Schleicher ein Dorn im Auge, seit er 1932 mit Gregor Strasser, einem parteiinternen Kritiker Hitlers, zusammengearbeitet hat. Als im Frühjahr 1934 die Differenzen zwischen der NSDAP und der SA unter ihrem »Stabschef« Ernst Röhm eskalieren, nutzt Hitler die Krise zur Säuberung der Partei und zur Ausschaltung der SA als Machtfaktor.

Der am eigentlichen Konflikt unbeteiligte Kurt von Schleicher ist eines der Opfer im sogenanten Röhm-Putsch. Am 30. Juni 1934 erschießt ein SS-Kommando ihn und seine Frau Elisabeth in ihrer Villa in Neubabelsberg.

Kleinstadthonoratioren mit Starkbier, Ende der zwanziger Jahre. Zu den dörflichen Honoratioren gehört in den katholischen Gebieten auch der Pfarrer, der von der Kanzel herab zur Wahl der katholischen Parteien aufruft.

Stahlhelms abzuwarten. Hitler macht deutlich, daß er nicht gewillt ist, sich einer breiten Rechtsfront unterzuordnen. Er erhebt Führungsanspruch und demonstriert ihn eine Woche später in Braunschweig bei dem mit 100 000 Teilnehmern bis dahin größten Aufmarsch der Nazis.

In den Jahren 1930 bis 1932 sind die Nationalsozialisten in Braunschweig mit an der Regierung, in Anhalt, Mecklenburg, Oldenburg und Thüringen. Wo sie die Möglichkeit haben, entfernen sie schon zu diesem Zeitpunkt Sozialdemokraten aus Polizei und Schuldienst. In Thüringen ist ihnen dabei sogar eine Art Ermächtigungsgesetz behilflich. Sie bereiten mit ihren Maßnahmen auf Länderebene ein ganzes Terrain für die künftige Machtergreifung vor. Der erste Lehrauftrag für einen »Rassenkundler« wird in diesen Jahren an der thüringischen Universität Jena vergeben, und Hitler läßt es sich nicht nehmen, die Antrittsvorlesung demonstrativ zu besuchen. Das Weimarer Nietzsche-Archiv ist fest in Nazihand, das Nationaltheater hat neuerdings Stücke von Benito Mussolini auf dem Spielplan. Die ganz große Herausforderung ist für die Nazis jedoch die bevorstehende Wahl des Reichspräsidenten. »Das Schachspiel um die Macht beginnt«, vergewissert sich Goebbels Anfang Januar 1932 in seinem Tagebuch. »Vielleicht wird es das ganze Jahr dauern.« Er sollte mit seiner Prognose bis fast auf den Tag recht behalten.

Hindenburgs Amtszeit läuft im Frühjahr 1932 aus. Während der Präsident selbst anstrebt, sich ohne Kampf durch ein Plebiszit im Amt bestätigen zu lassen, bemüht sich der Reichskanzler um eine Zweidrittelmehrheit im Reichstag, die Hindenburgs Amtszeit durch ein verfassungsänderndes Gesetz verlängern sollte. Doch Brüning scheitert dabei am Widerstand der Nazis und der Deutschnationalen. Das konservative Planspiel der Militärs um Kurt von Schleicher mit einem »Führertum Hindenburg« gerät dadurch in eine fast absurde Phase. Mit der Parole »Schlagt Hitler! Wählt Hindenburg!« setzt sich die SPD an die Spitze einer Unterstützungskampagne für den Reichspräsidenten, der die Sozialdemokraten noch vor kurzem endgültig ausbooten wollte.

Im Berliner Lustgarten beobachtet Harry Graf Kessler im April eine Kundgebung der Eisernen Front für Hindenburg. Der Zusammenschluß republiktreuer Parteien und Organisationen war 1931 als Gegenmaßnahme zur Harzburger Front gegründet worden. »Sonderbar, diese rote Demonstration für Hindenburg zu sehen«, gibt Kessler seine Eindrücke wieder. »Ich mußte an das Wort denken, das er (Hindenburg) mir 1917 in Kreuznach sagte, als David und einige andre Sozialdemokraten ihm zum Geburtstag gratuliert hatten: Er sei bei den Genossen ganz populär, bald werde er sich eine rote Ballonmütze anschaffen müssen.« Die Genossen waren bei ihm allerdings nie populär, auch jetzt nicht, wo sie für ihn als das gegenüber Hitler kleinere Übel in den Wahlkampf ziehen.

Dank Goebbels' parteiinterner Propagandamaschine wird der Kampf um das Reichspräsidentenamt 1932 zu einer Kampagne mit amerikanischen Zügen, wie sie ganz Europa noch nicht erlebt hat. Goebbels eröffnet den Wahlkampf am 22. Februar 1932 im Berliner Sportpalast. Nach einer einheizenden Eröffnungsrede gibt er, präzise auf die dramaturgische Wirkung berechnet, die Kandidatur Hitlers bekannt. Zehn Minuten stehende Ovationen. Zum Schluß tritt Graf Helldorf vor das Mikrophon und legt im Namen der SA einen Treueeid auf den »Führer« ab. Im ganzen Land wird für Hitler eine flächendeckende Redekampagne organisiert, überall werden Plakate aufgehängt, überall große Demonstrationen inszeniert.

Um die tausend Parteiredner, die Goebbels auf der seit 1928 bestehenden Rednerschule der NSDAP auf einen einheitlichen Propagandastil getrimmt hatte, sind unterwegs. 50 000 Grammophonplatten mit den Worten des »Führers« werden in Umlauf gebracht, ein zehnminütiger Propagandafilm in die Kinos gedrückt. Höhepunkt ist eine Redereise Hitlers mit dem Flugzeug durch die deutschen Lande während des zweiten Wahlgangs, der nötig geworden war, weil Hindenburg im ersten Durchgang die absolute

Hitler besucht während seines Deutschlandfluges im Frühjahr 1932 auch Essen/Ruhr. Bei der Wahl erringt die NSDAP reichsweit 37,3 Prozent der Stimmen, das beste Ergebnis der Partei auf Reichsebene bei freien Wahlen.

Mehrheit verfehlte. Leni Riefenstahl wird später solche Auftritte des »Führers« im Flugzeug wie eine Versöhnung des Himmels mit der Erde inszenieren.

Hindenburg, unterstützt von den republikanisch-demokratischen Parteien, hatte im ersten Wahlgang am 13. März 1932 nur 49,6 Prozent aller Stimmen erhalten. Mit Hitler und dem Stahlhelm-Führer Theodor Duesterberg waren zwei Politiker aus dem »nationalen Lager« gegen ihn angetreten.

Beim zweiten Wahlgang verzichtet Duesterberg auf eine eigene Kandidatur und unterstützt Hindenburg, dessen Amtszeit am 10. April mit 53 Prozent der abgegebenen Stimmen um sieben Jahre verlängert werden kann. Hitler kann sein Ergebnis im zweiten Wahlgang um sechs Prozent steigern und erhält knapp 37 Prozent der Stimmen. Rund zehn Prozent aller Wähler haben für den Kommunisten Ernst Thälmann gestimmt.

Hindenburg ist zwar im Amt bestätigt worden, doch er ist der eigentliche Verlierer der Wahl. Seine gesamte Klientel hatte, zumindest im ersten Wahlgang, fast geschlossen gegen ihn gestimmt. Persönlich am meisten trifft ihn die Tatsache, daß selbst die Bewohner Tannenbergs und der masurischen Seen, wo im Weltkrieg sein Mythos als Feldherr begründet worden war, ihm diesmal die Gefolgschaft verweigerten und mehrheitlich gegen ihn stimmten. Hindenburg macht Brüning dafür verantwortlich. Er hätte ihm durch geschickteres Taktieren im Reichstag die Peinlichkeit der Wahl am besten überhaupt ersparen sollen. Daß Brüning nur zwei Monate nach der Präsidentenwahl stürzt, hatte aber letztlich andere Hintergründe.

Die Militärs um Kurt von Schleicher hatten das Vertrauen in Brüning verloren. Nicht nur, daß er offensichtlich ohne die Tolerierung der SPD kaum regierungsfähig war, stört sie zunehmend, Brüning hatte in ihren Augen auch außenpolitisch versagt. Nach Schleichers Ansicht hätte Brüning für Deutschland Waffengleichheit durchsetzen müssen, um der Reichswehr endlich eine internationale Lizenz zur lange geplanten Vergrößerung des Heeres zu verschaffen. Schleicher verbindet damit auch das Planspiel, die SA durch eine Integration in das Heer politisch zu neutralisieren und damit die Bedrohung des Gewaltmonopols der Streitkräfte durch eine Parteiarmee zu beseitigen. Als Brüning aber am 13. April durch die »Notverordnung zur Sicherung der Staatsautorität« Hitlers Privatarmeen SA und SS verbieten läßt, gerät dieses Planspiel in Gefahr.

Material, das die Verbote von SA und SS rechtfertigte, hatte sich genügend angesammelt. Die gewaltsamen Auftritte der Nazi-Schlägertrupps waren ohnehin niemandem verborgen geblieben. Doch im November war der Frankfurter Polizeipräsident durch einen abtrünnigen Landtagsabgeordneten der NSDAP in den Besitz von ausgearbeiteten Plänen für einen gewaltsamen Staatsstreich der Nazis gekommen. Diese »Boxheimer Dokumente« waren zusammen mit anderem Material über die geheime Militärpolitik der Nazis, das unter anderem bei Hausdurchsuchungen in Preußen sichergestellt werden konnte, der Hintergrund für eine mit Vehemenz vorgetragene Initiative der Innenminister von Preußen, Bayern, Württemberg, Baden, Hessen und Sachsen, die alle auf ein reichsweites Verbot von SA und SS hinarbeiteten. Auch der kommissarische Reichsinnenminister General Groener befürwortete ein Verbot.

Schleicher paßt die Sache nicht, weil er, besonders nach dem niederschmetternden Ergebnis des ersten Wahlgangs der Präsidentenwahl, darin nur einen weiteren Konfliktherd zwischen Hindenburg und der Rechten sehen will. Wenigstens sollte im gleichen Zug gegen das republikanische Reichsbanner Schwarz-Rot-Gold vorgegangen werden. Schließlich war die politische Entmachtung der Sozialdemokratie einschließlich dieser zum Schutz der Republik gegründeten Organisationen der Hintergrund aller Bemühungen seit dem Auseinanderbrechen des Kabinetts Hermann Müller gewesen. Doch General Groener konnte mit dem Material über das Reichsbanner, das ihm vorgelegt wurde, herzlich wenig anfangen und schätzte es als vollkommen belanglos ein.

Reichskanzler Heinrich Brüning bei einer Rede in der Stadthalle seiner Heimatstadt Münster, 1931. Brüning hat das Parteienbündnis geschmiedet, das Hindenburgs Wiederwahl 1932 sichert.

Noch vor Groeners negativem Bescheid über ein Vorgehen gegen das Reichsbanner hatte Schleicher jedoch angefangen, mit Hitler zu konspirieren. »Uns wird mitgeteilt, daß Schleicher seinen (Groeners) Kurs nicht teilt«, notiert Goebbels am Tag nach dem SA-Verbot. Einige Tage später ist Graf Helldorf bei Schleicher und fädelt dort Geheimgespräche mit Hitler ein, die am 24. April und am 7. Mai stattfinden und in die Hindenburg eingeweiht ist. In beiden Fällen geht es darum, unter welchen Bedingungen Hitler ein neues Rechtskabinett tolerieren würde. Nach dem zweiten Gespräch kennt Schleicher den Preis: Auflösung des Reichstags, Neuwahlen und die sofortige Wiederaufhebung des Verbots von SA und SS. Nach dem enormen Zulauf, den die Nazis bei den Landtagswahlen in Preußen, Bayern, Württemberg, Anhalt und Hamburg am 24. April für sich verbuchen konnten, hätten Schleicher und Hindenburg wissen müssen, auf welches Hasardspiel sie sich da einlassen.

Die Demokratie von Weimar war bereits gescheitert, meint der Historiker Heinrich August Winkler, als Brüning am 30. März 1930 Kanzler wurde. Doch nun torkelt sie in den Untergang. Heinrich Brüning erhält am 29. Mai 1932 seine Demission. »Der heutige Tag bedeutet das vorläufige Ende der parlamentarischen Republik«, kommentiert Harry

Franz von Papen in Begleitung eines der beiden Vorsitzenden des Stahlhelms, Theodor Duesterberg, der 1932 gegen Hindenburg, Hitler und Thälmann beim ersten Wahlgang der Reichspräsidentenwahl antritt und nur 6,8 Prozent der Stimmen erreicht.

Graf Kessler das Ereignis. Brünings Nachfolger Franz von Papen, ein katholischer Adliger und ehemaliger Ulanenoffizier mit Verbindungen in die Industrie und die intellektuellen Kreise der sogenannten konservativen Revolution, repräsentiert nicht nur eine neue Regierung, er repräsentiert einen »neuen Staat« oder hätte dies im Erfolgsfall zumindest gern getan.

Am 3. Juni gibt Papen seine Regierungserklärung ab. »Ein kaum glaubliches Dokument, ein miserabel stilisierter Extrakt finsterster Reaktion, gegen das die Erklärungen der kaiserlichen Regierungen wie hellste Aufklärung wirken würden«, kommentiert Harry Graf Kessler. »Die Sozialversicherung soll abgebaut, der ›Kulturbolschewismus‹ bekämpft, das deutsche Volk durch Rechristianisierung (lies Muckertum) für den außenpolitischen Kampf gestählt und auf der Grundlage des extremen Rechts-

Franz von Papen:
Der Wert guter Beziehungen

Für Franz von Papen (1879–1969) sind Beziehungen politisches Kapital. Seine Heirat 1905 mit Marthe von Boch-Gaihau aus der saarländischen Industriellenfamilie Boch (Villeroy & Boch) bringt ihm neben finanzieller Unabhängigkeit auch Kontakte nach Frankreich, Belgien und Luxemburg ein. Er verkehrt mit der konservativen Elite und knüpft als Militärattaché in Washington und Mexiko-City, als Bataillonschef an der Westfront sowie während seiner Zeit als Major in der türkischen Armee internationale Kontakte.

Papen zieht 1921 in den preußischen Landtag ein. Dort vertritt er – obwohl lange Mitglied des katholischen Zentrums – bis 1932 deutschnationale und monarchistische Interessen.

Nach seiner nur fünfmonatigen Regierungszeit als Reichskanzler tritt er als Vizekanzler in die Regierung Hitler ein. Im Juni 1933 handelt er erfolgreich ein Konkordat mit dem Vatikan aus. Danach verliert er an Einfluß. Er wird als Gesandter nach Wien, dann als Botschafter nach Ankara abgeschoben. Im Nürnberger Prozeß wird er 1946 freigesprochen, von einer Entnazifizierungskammer jedoch zu acht Jahren Arbeitslager verurteilt. Nach seiner vorzeitigen Entlassung zieht er sich 1949 ins Privatleben auf das Familienschloß in Wallerfangen (bei Saarlouis) zurück. Er nutzt die Zeit, um seine Memoiren Der Wahrheit eine Gasse *zu schreiben, in denen er seine Politik als notwendig und unvermeidbar verteidigt.*

Junkertums ›konzentriert‹ werden; alle andren Richtungen und Parteien, Sozialdemokratie, liberales Bürgertum, Zentrum, werden als nicht national und moralisch zersetzend angeprangert. Ein Regierungsdokument solch politischer Dummheit und Ungeschicklichkeit, so finsterer Reaktion ist seit der Regierung Polignac 1830 nicht veröffentlicht worden. Es trägt deutlich den Stempel des Generalstabs.«

Die Kamarilla um Kurt von Schleicher scheint damit vorläufig an ihrem Ziel angelangt zu sein. General Groener war mit Brüning gestürzt, und nun war der Weg offen für eine Neugründung des Staats, die Schleicher seit Anfang der dreißiger Jahre unter dem Etikett »Führertum Hindenburg« zu verkaufen versucht hatte. Franz von Papen ist in diesem Planspiel für ihn nur eine Marionette. Als kluger Kopf sei Papen nicht gerade bekannt, hatte ein Freund Schleichers damals eingewandt und dabei die arrogante Antwort erhalten: »Den braucht er nicht. Er ist ein Hut.« Papen war vorzugsweise mit Bowler zu sehen.

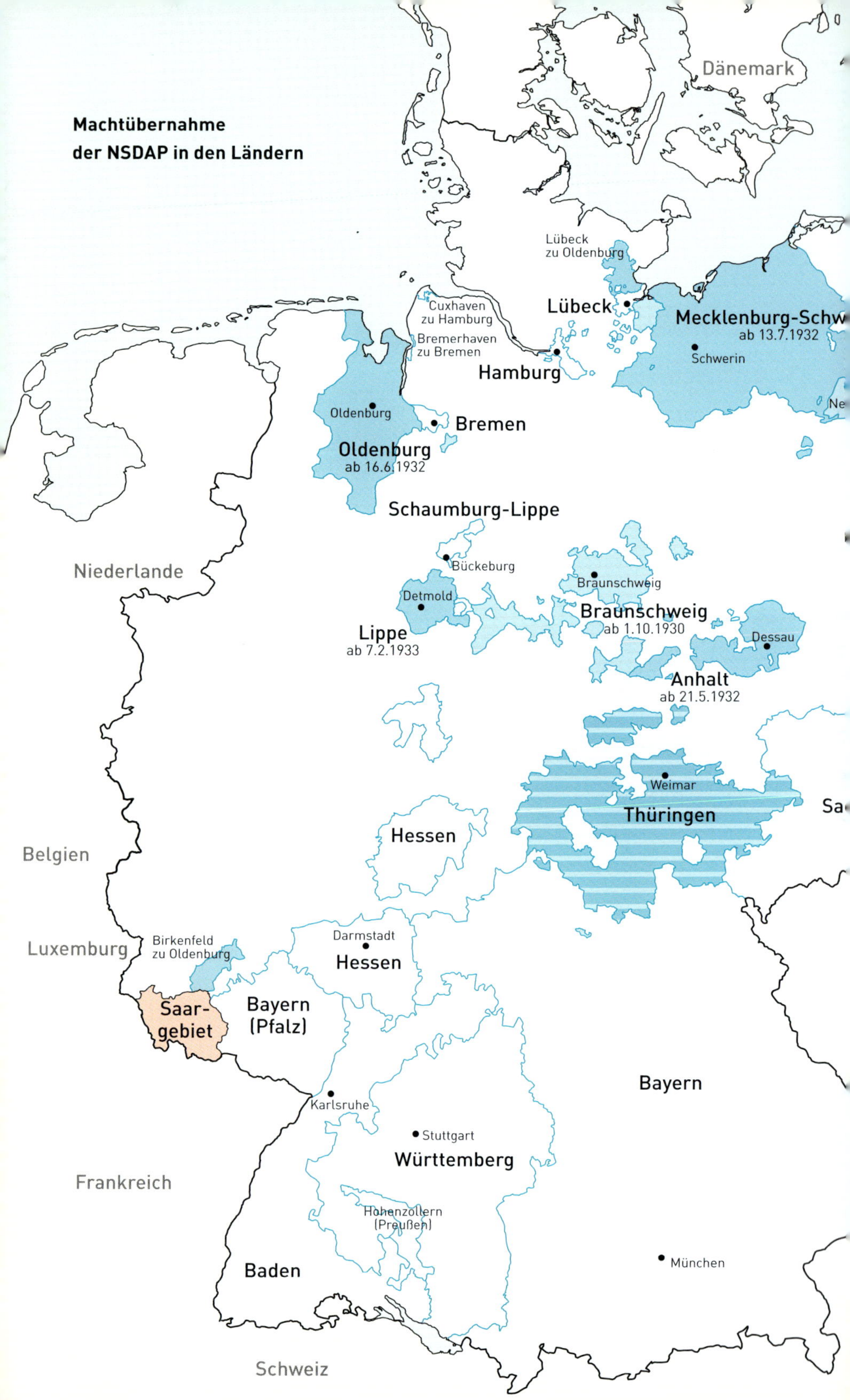

Machtübernahme der NSDAP in den Ländern

Schweden
Freie Stadt
Danzig
Ostpreußen
klenburg-Strelitz
ab 8.4.1932
eußen
Polen
en
Keine Regierungs-
beteiligung vor 5.3.1933
Regierungsbeteiligung
vor 5.3.1933
Ministerpräsident
vor 5.3.1933
Regierungsbeteiligung
ab 23.1.1930 bis 1.4.1931
und Ministerpräsident ab 26.8.1932
Österreich
© kleiner und bold, berlin 2006

Franz von Papens erste Maßnahme ist die Zerschlagung des letzten großen Bollwerks der deutschen Demokratie. Am 20. Juli 1932 setzt er per Notverordnung und unter dem Beifall der Reichswehr die preußische Regierung unter dem seit 1920 amtierenden sozialdemokratischen Ministerpräsidenten Otto Braun ab, angeblich weil sie unfähig war, mit dem politischen Terror fertig zu werden. Franz von Papen selbst wird von Hindenburg zum Reichskommissar in Preußen ernannt und hat damit über Nacht die gesamte Polizeitruppe des bei weitem größten Bundesstaats in seiner Hand. Es ist wie ein nachträglich erfolgreicher Kapp-Putsch in der »roten Festung« Preußen, der diesmal ganz unblutig, aber erfolgreich verläuft, weil angesichts der Wirtschaftskrise und des Millionenheeres von Arbeitslosen niemand wie 1920 an einen Generalstreik auch nur denken kann.

Obwohl das Vorgehen der Reichsregierung kaum verfassungskonform war, bleibt die Klage der Regierung Braun und einiger süddeutscher Länder, die den Föderalismus gefährdet sehen, vor dem Staatsgerichtshof in Leipzig erfolglos. Das Gericht erklärt im Oktober 1932 Papens »Preußenschlag« für zulässig. Schon vorher hatte Papen dafür gesorgt, daß in Preußen eine große politische Säuberung stattfand. Staatssekretäre und Ministerialdirektoren, Regierungs- und Polizeipräsidenten mit Weimarer Loyalität wurden mit sicherem Machtinstinkt in den Ruhestand versetzt und durch loyale konservative Kandidaten, vornehmlich aus den Reihen der Deutschnationalen, ersetzt. Die konnten sich des historischen Triumphs sicher sein, »ihr« Preußen nach zwölf Jahren sozialdemokratischer Regierung endlich wiedererobert zu haben.

Franz von Papens Finanzminister Graf Schwerin von Krosigk hat das geflügelte Wort in die Welt gesetzt, ein Bürgerkrieg lasse sich am besten dadurch vermeiden, daß man den »Wilddieb zum Förster« mache. Der »Wilddieb« Hitler hatte als Bedingung für eine vorläufige Tolerierung des Kabinetts Papen Neuwahlen zum Reichstag gefordert. Wie abzusehen, errang er bei diesen Wahlen einen Triumph. Brünings Risikospiel hatte den Nazis 1930 18,3 Prozent eingebracht. Jetzt, bei den Wahlen vom 31. Juli 1932, legen sie auf 37,4 Prozent zu. Das ganze Planspiel Kurt von Schleichers mit Papens »neuem Staat« stand von Anfang an unter den Bedingungen einer von Hitler diktierten Geiselhaft.

Hitler ist es, der die Bedingungen stellt. Erst fordert er die Aufhebung des Verbots von SA und SS und Neuwahlen, und als er am 5. August wieder mit Schleicher zusammentrifft, fordert er nun selbstbewußt die ganze Macht. Er ist sich sogar so sicher, daß ihm Schleicher nach dem Wahlerfolg seine Forderungen nicht abschlagen kann, daß er zwei Tage später, wie Goebbels berichtet, auf dem Obersalzberg schon eine Kabinettsliste aufstellt und das Durchpeitschen eines Ermächtigungsgesetzes im Reichstag ankündigt. »Wir werden die Macht niemals wieder aufgeben, man muß uns als Leichen heraustragen«, prophezeit Goebbels an diesem Tag. »Das wird eine ganze Lösung. Die kostet zwar Blut, aber sie klärt und reinigt.«

Doch vorerst wird daraus nichts. Am 13. August weisen Schleicher und Papen Hitlers Forderungen zurück und geben ihm zu verstehen, daß sie ihn bestenfalls als Vizekanzler tolerieren würden. Am Nachmittag des gleichen Tags hat er eine Audienz bei Hindenburg, der ihm in windelweichen Worten zu verstehen gibt, er könne einer »Partei, die einseitig gegen Andersdenkende eingestellt« sei, nicht die Regierungsverantwortung übertragen. Mit diesem Euphemismus spielte Hindenburg zaghaft auf die Gewalttaten an, mit denen die Nazis seit Jahren das Land terrorisierten und die nach der Aufhebung des Verbots von SA und SS eher noch zugenommen hatten.

Erst wenige Tage zuvor waren die Mörder von Potempa in Beuthen zum Tode verurteilt worden. Hindenburgs Euphemismus war nicht nur ein Hinweis auf ein mangelndes Verantwortungs- und Rechtsbewußtsein, sondern auch die Andeutung auf eine heimliche Komplizenschaft in der gemeinsamen Frontstellung gegen die »Roten«. »Wir sind ja beide alte Kameraden«, verabschiedet Hindenburg Hitler trotz der schroffen Absage an seine Kanzleraspirationen, »und wollen es bleiben, da später uns der Weg doch wieder zusammenführen kann.« Wie die Dinge liegen, weiß Hitler wahrscheinlich klarer als alle anderen an diesem Poker beteiligten Personen, wird Hindenburg die »alten Kameraden« bald wieder zusammenführen müssen. Während der letzten Monate der Weimarer Republik gibt Hitler die Parole aus: »Gegen die Reaktion!« Goebbels fährt im *Angriff* scharfe Attacken auf Papens Konservatismus, und Hitler nimmt den Kampf mit ihm jetzt offen auf. Papen muß den Reichstag erneut auflösen und für Anfang November Neuwahlen ankündigen.

Am 2. November tritt ein Teil der Beschäftigten der Berliner Verkehrsbetriebe in Streik. »Hier haben wir vor der Wahl noch einmal die große Gelegenheit, der Öffentlichkeit zu zeigen, daß unser antireaktionärer Kurs wirklich von innen heraus gemeint und gewollt ist«, schärft Goebbels seinen Leuten ein, »daß es sich bei der NSDAP in der Tat um eine neue Art des politischen Handelns und um eine bewußte Abkehr von den bürgerlichen Methoden handelt.« Zwar hatte sich bei der Urabstimmung nicht die erforderliche Zweidrittelmehrheit für den BVG-Streik ausgesprochen, doch am 2. November ruft die kommunistische Rote Gewerkschafts-Opposition trotzdem den Streik aus. Am Nachmittag schließt sich ihr die Nationalsozialistische Betriebszellen-Organisation an. »In Berlin herrscht Revolutionsstimmung«, frohlockt Goebbels in diesen Tagen einer unerwarteten

Einheitsfront von Kommunisten und Nazis, die paritätisch die Streikleitung stellen. Walter Ulbricht tritt dabei mit Joseph Goebbels gemeinsam auf die Rednertribüne. Der Gegner in diesem Streik ist allerdings, was gern übersehen wird, nicht das »Kapital«, sondern die sozialdemokratische Berliner Stadtverwaltung.

Während des Streiks finden die Wahlen statt. Die Nazis verlieren über vier Prozent. Gewinner sind die Deutschnationalen und die Kommunisten mit drei beziehungsweise zweieinhalb Prozentpunkten Zugewinn. Viele bürgerliche Wähler hatten sich wegen der rot-braunen Einheitsfront während des Streiks von den Nationalsozialisten abgewandt, doch daß das so kommen würde, hatte Goebbels vorausgesehen. Es war Bestandteil eines Kalküls. »Diese Kreise kann man sehr leicht wiedergewinnen«, hatte er drei Tage vor der Wahl prognostiziert, »hat man aber den Arbeiter einmal verloren, dann ist er auf immer verloren.« In keiner Minute hat der Ausgang der Wahl den Nazis wirklich geschadet. Im Gegenteil. Durch den Stimmengewinn der Kommunisten werden sie für bestimmte bürgerliche Kreise nun noch interessanter.

Im Januar 1932 hatte Hitler in einer von Fritz Thyssen eingefädelten Rede vor dem Düsseldorfer Industrieclub seine marodierenden SA-Horden als »Idealisten« dargestellt, denen kein Opfer für Deutschland zu groß sei. »Wenn die ganze Nation heute den gleichen Glauben an ihre Berufung hätte wie diese Hunderttausende«, meinte er damals, »wenn die ganze Nation diesen Idealismus besäße: Deutschland würde der Welt gegenüber heute anders dastehen.« Fritz Thyssen und der Kaliminenbesitzer August Rosterg hatten Hitler schon lange unterstützt. Doch jetzt setzt ein regelrechter Stimmungsumschwung bei den Industriellen zugunsten Hitlers ein. »Die Übertragung der verantwortlichen Leitung eines mit den besten sachlichen und persönlichen Kräften ausgestatteten Präsidialkabinetts an den Führer der größten nationalen Gruppe«, heißt es in einem Schreiben von zwanzig Führungskräften der Wirtschaft an Hindenburg vom 19. November 1932, »wird die Schwächen und Fehler, die jeder Massenbewegung notgedrungen anhaften, ausmerzen und Millionen Menschen, die heute abseits stehen, zu bejahender Kraft mitreißen.« Zu den Unterzeichnern gehören neben Thyssen und Rosterg der ehemalige Reichsbankpräsident Hjalmar Schacht, der Aufsichtsratsvorsitzende der Ilseder Hütte Ewald Hecker und der Kölner Bankier Kurt von Schröder.

Die letzten Tage der Republik sind durch Rückzugsgefechte gekennzeichnet. Papen scheitert mit seinem reaktionären Kurs, nachdem Schleicher Hindenburg klargemacht hatte, daß die Staatsstreichpläne des Kanzlers, der auf einmal hart gegen Nationalsozialisten und Kommunisten vorgehen will, militärisch in ein Desaster führen würden, weil es bei ei-

Wilhelm Frick:
Der erste braune Minister

Wilhelm Frick wird am 1. September 1925 Mitglied der wieder zugelassenen NSDAP und erhält die Mitgliedsnummer 10. Im Jahr 1928 übernimmt er den Vorsitz der zwölfköpfigen Reichstagsfraktion.

Dr. jur. Wilhelm Frick wird als erster NS-Politiker Mitglied einer Landesregierung. Am 23. Januar 1930 übernimmt er das Amt des Innen- und Volksbildungsministers in Thüringen. Binnen eines Jahres säubert er den Polizeiapparat im Sinne seiner Partei von »demokratischen Elementen«. 1931 tritt er nach einem Mißtrauensantrag zurück, nimmt jedoch weiter sein Reichstagsmandat wahr. Mit der Regierungsübernahme durch Hitler wird Frick 1933 Reichsinnenminister.

Seinen Aufstieg hat er vor allem seiner Beziehung zu Hitler zu verdanken. Frick ist Anfang der zwanziger Jahre Leiter der Politischen Polizei in München und sympathisiert mit der NSDAP. Seine Position hilft ihm, rechtsradikale Gruppierungen zu schützen. Schon am Hitler-Putsch vom 9. November 1923 ist Frick beteiligt, was ihm 15 Monate Haft einbringt. Die Strafe wird jedoch vorzeitig ausgesetzt.

Als Minister in der Regierung Hitler prädestiniert ihn seine juristische Ausbildung zur Mitarbeit an der Gesetzgebung. Frick initiiert das Schutzhaftsystem, das schon ab 1933 über 100000 Regimegegner in die Konzentrationslager bringt. Mit dem Gesetz über »Maßnahmen der Staatsnotwehr« legalisiert er im nachhinein das Vorgehen der Partei gegen die SA im Juni 1934.

Mitte der dreißiger Jahre verliert Frick an Einfluß. Grund ist die Ernennung Heinrich Himmlers zum Chef der Polizei. Frick hat danach keine Kontrolle mehr über den Polizeiapparat. Im Kompetenzstreit kann er sich nicht durchsetzen. 1943 wird er Reichsprotektor von Böhmen und Mähren. Das Internationale Militärtribunal in Nürnberg befindet Frick der Verbrechen gegen den Frieden und die Menschlichkeit für schuldig und läßt ihn durch den Strang hinrichten.

nem solchen innenpolitischen Gewaltstreich und den damit verbundenen Unruhen unweigerlich zu einem polnischen Überfall auf die Ostgrenzen kommen müsste. Auch seien größere Streikbewegungen mit Waffengewalt kaum unter Kontrolle zu bringen. Doch auch das folgende Kabinett Schleicher, das mit einem großen Umarmungsangebot an den Strasser-Flügel der Nazis und an Teile der Gewerkschaften antritt, findet in keiner Minute die Massenbasis quer zu allen Parteien, die sich der »soziale General« vorgestellt hatte. Gregor Strasser, der kompromißbereite Reichsorganisationsleiter der Nazis, wird von Hitler kaltgestellt. Währenddessen intrigiert Papen, der nach wie vor in enger persönlicher Beziehung zu Hindenburg steht, mit Hitler gegen Schleicher. Am 4. Januar 1933 trifft er sich mit ihm im Haus des Kölner Bankiers Kurt von Schröder, am 18. und 22. Januar in Joachim von Ribbentrops Dahlemer Villa.

Am 28. Januar stimmt Hindenburg einem Kabinett Hitler zu, in dem auch einige konservative Minister vertreten sein sollen. Am 30. Januar wird Hitler von Hindenburg zum Reichskanzler ernannt, nicht ohne daß er noch in letzter Minute mit einem Taschenspielertrick nachgeholfen hätte. Hindenburg war bis zuletzt unschlüssig, doch als Hitler gezielt das unzutreffende Gerücht lanciert, Schleicher werde sich mit seiner Entmachtung nicht abfinden und sei mit der Potsdamer Garnison auf dem Weg nach Berlin, lenkt er ein.

Weimar ist am Ende. Wieder einmal hat Hitler nach seiner Ernennung zum Reichskanzler mit klarem Machtinstinkt die Auflösung des Reichstags gefordert. Das werde »das letzte Mal« sein, vergewissert sich Goebbels am Abend des 30. Januar im Gangsterjargon: »Das werden wir fingern.« Sie werden es »fingern«, und zwar sehr bald.

Die unerwartetste Reaktion kommt von Hindenburgs einstigem Stellvertreter in der Obersten Heeresleitung. »Sie haben durch die Ernennung Hitlers zum Reichskanzler unser heiliges deutsches Vaterland einem der größten Demagogen aller Zeiten ausgeliefert«, schreibt Erich Ludendorff, einst Teilnehmer des Hitler-Putschs von 1923, voller Zorn an den Reichspräsidenten: »Ich prophezeie Ihnen feierlich, daß dieser unselige Mann unser Reich in den Abgrund stürzen und unsere Nation in unfaßbares Elend bringen wird. Kommende Geschlechter werden Sie wegen dieser Haltung in Ihrem Grab verfluchen.« Wenn einer aus Erfahrung wissen konnte, was er da sagte, dann war es Ludendorff.

Rechte Seite: Stab der westfälischen SA im Wahlkampf zur Landtagswahl im 1933. Im kleinen Freistaat Lippe findet am 15. Januar die erste Wahl nach Hitlers Ernennung zum Reichskanzler statt. Die NSDAP mobilisiert in ganz Nordwestdeutschland ihre Kräfte und entsendet ihre besten Redner. Sie wird mit 39,5 Prozent stärkste Partei, erhält aber gemeinsam mit den Deutschnationalen (6,5 Prozent) dennoch keine Mehrheit. Im Landtag kommt es zu einem Patt mit den demokratischen Parteien.

HOTEL
KAISERHOF
Besitzer Heinrich Sauer
Hofspeisewirt

DER NS-STAAT

Die ersten Tage der Naziherrschaft

Als am Abend des 30. Januar 1933 Nationalsozialisten und ihre Gefolgsleute mit Fackeln und Hakenkreuzfahnen durch das Brandenburger Tor marschieren, markieren die triumphierenden Aufmärsche auch symbolisch das Ende der Weimarer Republik. Wenige Stunden zuvor hatte Reichspräsident Paul von Hindenburg Hitler zum neuen Reichskanzler ernannt. Ohne die drei Jahre Hasardspiel mit einer Präsidialdiktatur, das zuletzt in dem Zweikampf zwischen Papen und Schleicher gipfelte, wäre dieser Ausverkauf der Demokratie kaum möglich gewesen. Bis zuletzt hatten die Konservativen davon geträumt, mit der Option einer Präsidialdiktatur das Rad der Geschichte unwiderruflich und dauerhaft in ihrem Sinne zurückdrehen zu können, und auch in den Tagen nach der Ernennung Hitlers ist dieser Traum noch keineswegs ausgeträumt. »Wir haben ihn uns engagiert«, behauptet Papen. »Ich habe das Vertrauen Hindenburgs. In zwei Monaten haben wir Hitler in die Ecke gedrückt, daß er quietscht.«

Doch es sollte ganz anders kommen. »Als am 30. Januar das Kabinett Hitler/Papen zur Macht kam, versicherte man, daß in der Regierung die Deutschnationalen Hitler und seinen Mitkämpfern Paroli bieten würden«, meldet der französische Botschafter François-Poncet nach genau diesen zwei Monaten nach Paris, »daß die Nationalsozialistische Partei mit der Feindschaft der Arbeiterklasse zu rechnen habe und daß schließlich die Katholiken der Zentrumspartei die Legalität verteidigen würden. Sechs Wochen später mußte man feststellen, daß all diese Dämme, die die Flut der Hitler-Bewegung zurückhalten sollten, von der ersten Welle hinweggespült wurden.«

Hitlers Absicht, die Regierung jeder Kontrolle durch den Reichstag und seiner eigenen Koalitionspartner zu entziehen, verwirklichen die Nationalsozialisten mit einer Dynamik, die selbst Goebbels überrascht. In seinem Kabinett der »nationalen Konzentration« sind mit Reichs-

Linke Seite: Die Reichsregierung mit (v. r. n. l) Joseph Goebbels, Adolf Hitler, Werner von Blomberg, Franz von Papen und Otto Meißner während der Feier zum 1. Mai 1933 im Berliner Lustgarten. Nach der Reichstagswahl vom 5. März und dem Tag von Potsdam am 21. März kommt es zu massenhaften Eintritten in die NSDAP, vor allem von Beamten und staatlichen Angestellten. Diese Karrieristen werden von den »alten Kämpfern« als »Märzgefallene« verspottet.

Rückgang der Arbeitslosigkeit zwischen 1931 und 1936

Nach der Machtübernahme der Nationalsozialisten nimmt die Arbeitslosigkeit bis 1936 statistisch um fast 68 Prozent ab.

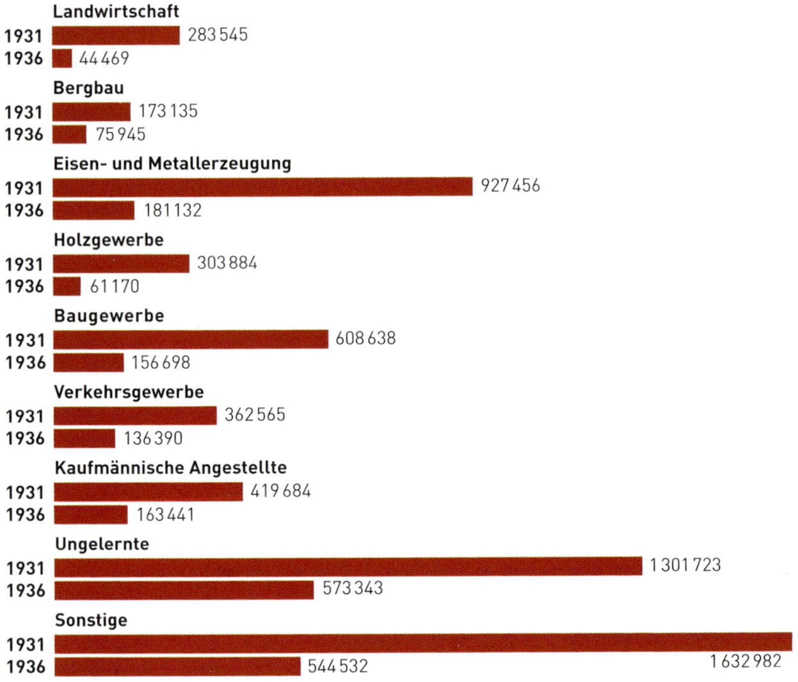

Deutsches Reich	1931	in %	1936	in %
Erwerbspersonen	31 650 590	100 %	ca. 32 800 00	100 %
Arbeitslose	6 013 612	19 %	1 937 120	5,9 %

Quelle: Statistisches Jahrbuch Deutsches Reich; eigene Berechnungen

innenminister Wilhelm Frick und Hermann Göring als Minister ohne Geschäftsbereich zunächst nur zwei weitere Nationalsozialisten vertreten. Die acht deutschnational-konservativen Regierungsvertreter besitzen damit ein deutliches numerisches Übergewicht, das bei Vizekanzler Franz von Papen die Illusion einer möglichen »Zähmung« der Nationalsozialisten entstehen läßt.

Hitler hatte sie schon an die Wand gespielt, als er noch vor Ablegung des Amtseids von Hindenburg die Zusicherung einholte, den Reichstag

aufzulösen und für den März Neuwahlen ausschreiben zu lassen. In der Zwischenzeit kann er mit Notverordnungen regieren und, was fast noch wichtiger war, einen Wahlkampf führen, für den ihm diesmal alle Mittel der staatlichen Macht zur Verfügung stehen. Keine fünf Tage ist er im Amt, als er seinen Chefpropagandisten Joseph Goebbels zu sich ruft, um mit ihm eine Wahlkampagne durchzusprechen, die alles bisher Dage-

Bei den 1933 aufgestellten Reiterstandarten der SS ist der Anteil an Adeligen besonders hoch. Der Beitritt zur SS bedeutet immer eine bewußte Entscheidung für das »politische« Kämpfertum der Nationalsozialisten.

Adolf Hitler nimmt im April 1933 auf dem Weg von der Alten Reichskanzlei in der Wilhelmstraße zum Sitz des Reichstags in der Kroll-Oper ein Bad in der Menge.

wesene in den Schatten stellen sollte. »Wir wenden alle Mittel an«, triumphiert Goebbels nach dem Treffen. »Geld haben wir, der Rundfunk gehört uns. Hitler redet in allen Sendern, ich mach die Reportage dazu.« Ein »Meisterstück der Agitation« soll das Ganze werden.

Im Grunde ist Hitler im Wahlkampf, seit er den Amtseid abgelegt hat. Eine riesige Massenmobilisierung, ganz auf seine Person ausgerichtet, begleitet die Regierung Hitler vom ersten Tag an, als überall im Reich Scharen von Braunhemden seinen Sieg feiern. Alfred Hugenberg, der Vorsitzende der Deutschnationalen, ist der einzige unter den nichtnationalsozialistischen Kabinettsmitgliedern, der die heraufziehende Gefahr spürt. Schon in der ersten Kabinettssitzung versucht er, Hitler von Neuwahlen abzubringen, und schlägt vor, die Kommunisten einfach zu verbieten. Dann hätte die Rechte automatisch eine gesicherte Mehrheit. Doch Hitler lehnt ab mit dem bemerkenswerten Argument, man könne nicht sechs Millionen Menschen verbieten. Er will etwas anderes. Er will die meisten von ihnen durch seine demagogischen Kampagnen und das Ausmanövrieren ihrer Führer für sich gewinnen.

Alfred Hugenberg ist zwar als erfolgreicher Presse- und Filmmagnat jemand, dem die Wirkung von medialen Kampagnen durchaus bekannt ist,

Die Kroll-Oper: Die letzte Stunde der Demokratie

Als die Abgeordneten des am 5. März 1933 gewählten Reichstags in der Berliner Kroll-Oper zusammentreten, um über das von der Regierung Hitler eingebrachte Ermächtigungsgesetz abzustimmen, ist dies die letzte Stunde der ersten deutschen Demokratie.

Die Kroll-Oper auf der Westseite des Kaiserplatzes gegenüber dem Reichstagsgebäude hat eine bewegte Geschichte. In dem schloßartigen Bau mit dem prunkvollen Königssaal für 5000 Gäste werden Puppenspiele und volkstümliche Konzerte, später auch komische Opern und Operetten aufgeführt.

Seit 1886 dient das Gebäude als Neues Königliches Opernhaus. Es soll 1914 wegen Unrentabilität abgerissen werden, wird dann aber als Lazarett und Textillager genutzt. Nach einem Umbau öffnet der erneute Opernbetrieb zu Neujahr 1924 mit den »Meistersingern« von Richard Wagner. Aber erst als Otto Klemperer im November 1927 das Haus übernimmt, beginnt seine glanzvolle Zeit. Klemperer verwandelt die Oper in eine Experimentierbühne, an der Gustaf Gründgens und Ernst Legal inszenieren, László Moholy-Nagy und Oskar Schlemmer Bühnenbilder entwerfen, neue Werke von Arnold Schönberg und Paul Hindemith uraufgeführt werden. Mit der Schließung des in konservativen Kreisen höchst umstrittenen Theaters durch einen Beschluß des Preußischen Landtags endet diese Ära Anfang der dreißiger Jahre.

Nach dem Reichstagsbrand wird die Kroll-Oper zur Tagungsstätte des Parlaments umgebaut. Hier wird im Frühjahr 1933 das Ermächtigungsgesetz beschlossen. Hier »begründet« Hitler am 1. September 1939 den deutschen Angriff auf Polen. Und hier findet im April 1942 die letzte Reichstagssitzung statt.

Im November 1943 wurde die Kroll-Oper während eines Bombenangriffs schwer getroffen. 1951 wurde die Ruine endgültig abgerissen.

doch in seinen politischen Ansichten ist er kaum mehr als ein rückwärtsgewandter Reaktionär, der mit traditionellen diktatorischen Mitteln den Einfluß des »Marxismus« ausschalten, die unteren Klassen auf ihren Platz verweisen und am liebsten die Monarchie restaurieren möchte. Die Dynamik von Hitlers Massenbewegung, die auf große Volksaufläufe und bei den Massen populäre Emotionen setzt, ist ihm ganz und gar unheimlich. »Ich habe gestern die größte Dummheit meines Lebens begangen«, sagt er sich am 31. Januar 1933. »Ich habe mich mit dem größten Demagogen der Weltgeschichte verbündet.«

Hermann Göring: Hitlers mächtigster Paladin

Die Grundlage für seinen Aufstieg legt der am 12. Januar 1893 geborene Göring im Ersten Weltkrieg. Der Leutnant im 112. Infanterieregiment meldet sich 1914 zur noch jungen Fliegertruppe und wird nach einem Abschuß und einjähriger Rekonvaleszenz Leiter der 27. Luftstaffel. Als mit dem Orden Pour le Mérite hochdekorierter Flieger übernimmt er nach dem Tod Manfred von Richthofens das Kommando des gleichnamigen Jagdgeschwaders. Der Übergang ins Zivilleben fällt dem Soldaten schwer: 1919–1921 arbeitet er als Pilot und Kunstflieger in Skandinavien. Nach seiner Rückkehr tritt Göring 1922 in die NSDAP ein und baut für Hitler die SA auf. 1923 flieht er nach dem Hitler-Putsch in München verwundet ins Ausland. Er wird wegen seiner Schmerzen mit Morphium behandelt, daher seine spätere Abhängigkeit von der Droge.

Eine Generalamnestie ermöglicht ihm 1927 die Rückkehr nach Deutschland. Er wird Reichstagsabgeordneter, Reichstagspräsident und preußischer Ministerpräsident. Göring ist Gründer der Geheimen Staatspolizei, wird 1933 Luftfahrtminister, 1938 Generalfeldmarschall, 1940 Reichsmarschall. Kein zweiter Nationalsozialist vereint so viele Ämter in seiner Person. Seit 1934 ist er der offizielle Nachfolger Hitlers.

Militärische Rückschläge wie die erfolglose Luftschlacht um England und die gescheiterte Versorgung der Truppen in Stalingrad aus der Luft lassen ihn seinen Einfluß bei Hitler verlieren. Er zieht sich mehr und mehr auf seinen Landsitz Carinhall in Brandenburg zurück.

Am 8. Mai 1945 fällt Göring in Zell am See den Amerikanern in die Hände und muß sich in Nürnberg vor dem Internationalen Militärtribunal verantworten. In allen Anklagepunkten für schuldig befunden und zum Tode verurteilt, entzieht er sich am 15. Oktober 1946 der unmittelbaren Hinrichtung durch Selbstmord.

Schon am nächsten Tag gibt Hitler ein Beispiel seiner Begabung, als er sich in seiner über alle Rundfunkstationen verbreiteten Regierungserklärung mit geradezu messianischen Worten als »Retter der Nation« präsentiert. »Über 14 Jahre sind vergangen seit dem unseligen Tage, da, von inneren und äußeren Versprechungen geblendet, das deutsche Volk der höchsten Güter unserer Vergangenheit, des Reiches, seiner Ehre und seiner Freiheit vergaß und dabei alles verlor. Seit diesen Tagen des Verrats hat der Allmächtige unserem Volk seinen

Rechte Seite: Hermann Göring und Vizekanzler Franz von Papen. Von Papen ist am 1. März 1933 in die DNVP eingetreten, die sich im Juni 1933 selbst auflöst. Ihre Reichstagsabgeordneten schließen sich der NSDAP-Fraktion an.

Hitlers Schlägertrupp: Mitglieder der SA-Standarte 30. Im Januar 1933 hat die SA 400 000 Mitglieder.

Segen entzogen«, so Hitler in der Rolle des Erlösers, der sein Volk dem Allmächtigen wieder zuführt. »14 Jahre Marxismus haben Deutschland ruiniert. Ein Jahr Bolschewismus würde Deutschland vernichten. (...) Getreu dem Befehl des Generalfeldmarschalls wollen wir beginnen. Möge der allmächtige Gott unsere Arbeit in seine Gnade nehmen, unseren Willen recht gestalten, unsere Einsicht segnen und uns mit dem Vertrauen unseres Volkes beglücken. Denn wir wollen nicht kämpfen für uns, sondern für Deutschland.«

Zehn Tage später geht er in der sakralen Inszenierung seiner eigenen Rolle noch einen Schritt weiter. »Denn ich kann mich nicht lösen von dem Glauben an mein Volk, kann mich nicht lossagen von der Überzeugung, daß diese Nation wieder einst auferstehen wird«, dröhnt er im Berliner Sportpalast, »kann mich nicht entfernen von der Liebe zu diesem meinem Volk und hege felsenfest die Überzeugung, daß eben doch einmal die Stunde kommt, in der die Millionen, die uns heute hassen, hinter uns stehen und mit uns dann begrüßen werden das gemeinsam geschaffene, mühsam erkämpfte, bitter erworbene neue deutsche Reich der Größe und der Ehre und der Kraft und der Herrlichkeit und der Gerechtigkeit. Amen!« Da ist er schon mitten im Wahlkampf, und es dürfte damals nur wenigen aufgefallen sein, mit welchem diabolischen Geschick er jetzt nicht mehr

KZ Dachau: Das Lager der »Politischen«

Im März 1933 gibt der damalige Münchner Polizeipräsident Heinrich Himmler den Auftrag zum Bau eines Konzentrationslagers beim nahen Dachau. Hier wird das Lagersystem mit seinen Gefangenenbaracken, Umzäunungen und Wachtürmen erstmals verwirklicht. Neben den Wachen und dem SS-Lagerpersonal absolvieren in dem Lager später auch Einheiten der Waffen-SS ihre Grundausbildung.

Heinrich Himmler inspiziert 1939 in Begleitung von SA-Stabschef Viktor Lutze (erster von rechts) das KZ Dachau. Zu dieser Zeit sind in Dachau bereits mehr als 10 000 jüdische Häftlinge inhaftiert.

In den ersten beiden Jahren werden politische Gegner, nach 1935 auch rechtskräftig Verurteilte nach Abbüßen ihrer Gefängnisstrafe oder Wehrdienstverweigerer wie die Zeugen Jehovas inhaftiert. Selbst die jüdischen Gefangenen gelten bis dahin als politische Gegner des Systems. Ihre Zahl steigt nach der »Reichskristallnacht« (Pogromnacht) 1938 sprunghaft an, als über 10 000 Juden aus ganz Deutschland nach Dachau verschleppt werden. Mit dem Beginn der systematischen Ermordung der europäischen Juden werden die jüdischen Häftlinge 1942 in die Vernichtungslager im besetzten Polen transportiert.

In Dachau gibt es keine Massentötungen mit Giftgas. Gemordet wird dennoch. Russische Kriegsgefangene werden auf dem lagereigenen Schießplatz in Hebertshausen zu Tausenden erschossen. Von den insgesamt über 200 000 Gefangenen kommen mehr als 31 000 im Lager um. Besonders während der Monate vor der Befreiung steigen die Opferzahlen drastisch an. Viele der erschöpften Gefangenen fallen der seit Dezember 1944 grassierenden Typhusepidemie zum Opfer.

Am 26. April 1945 sind in Dachau noch 67 665 Gefangene zusammengefercht, darunter 22 100 Juden. 7000 Gefangene zwingt die SS auf Todesmärsche Richtung Süden. Drei Tage später, am 29. April 1945, befreien amerikanische Truppen das Lager.

Siegesfeier nach der »Machtergreifung«: SA-Sturmkapelle in Zwickauer Varieté »Lindenhof«.

das Volk dem Allmächtigen zuführen will, sondern *sein* Volk durch die höchst werbewirksame Verwendung eines Zitats aus dem christlichen Vaterunser selbst zum Allmächtigen vergottet. Solche subtilen Appelle an das Unbewußte waren damals neu. »Massen in sinnlosem Taumel«, kommentiert Goebbels diesen Auftritt: »So muß das bleiben.« Jeder Werbepsychologe weiß heute, welche ungeheure Wirkung von solchen Versatzstücken ausgehen kann, wenn man sie nur oft genug wiederholt. »Das Reich der Größe und der Ehre und der Kraft und der Herrlichkeit.« Das ging über sämtliche Radiosender, und auf großen Plätzen dröhnte die Rede im ganzen Reich aus Lautsprechern. Zehn Tage später hat Goebbels einen Film fertiggestellt, der überall im Land gezeigt wird. Niemand sollte Hitlers pathetischer Botschaft entkommen können.

Am 3. Februar, vier Tage im Amt, läßt Hitler im Kreis von Führungskräften der Reichswehr die Katze aus dem Sack. Ganz offen legt er im Haus des Heereschefs von Hammerstein-Equord seine Zukunftspläne auf den Tisch: »Eroberung neuen Lebensraums im Osten und dessen rücksichtslose Germanisierung.« In der Konsequenz bedeutete das die Vorbereitung auf einen neuen Krieg. Doch die Generäle überhören diese von Anfang an unheilverheißende Option. Was bei ihnen an diesem Tag ankommt, ist Hitlers Zusicherung, daß die Reichswehr von ihm als der einzig legitime Waffenträger im Staat betrachtet wird und daß er in Deutschland, anders als in Mussolinis Italien, keine Verquickung von Militär und militärischen Parteiformationen beabsichtige. Vielmehr müsse die Wehrmacht aufgerüstet werden, um dem Reich wieder zu einer starken Rolle in der Welt zu verhelfen.

In den Ohren der Generäle klang das wie die bekannten revisionistischen Pläne, die sie schon immer verfolgt hatten und denen nun durch eine starke Regierung mehr Nachdruck verliehen werden konnte. Daß Hitler an diesem Abend weit über die alte Reichswehr-Parole »Nieder mit Versailles« hinausschießt und offen weitreichende expansionistische Pläne verkündet, ist für sie vorläufig Nebensache. Auch seine düstere Ankündigung einer bevorstehenden »völligen Umkehrung der innenpolitischen Verhältnisse in Deutschland«, mit der eine totalitäre Innenpolitik zur Voraussetzung einer künftigen expansionistischen Außenpolitik gemacht werden soll, nehmen sie in ihrer Schärfe nicht wirklich zur Kenntnis. Kein Generalstabsoffizier hat sich im Februar 1933 vorstellen können, was Hitler mit einer »Umkehrung der innenpolitischen Verhältnisse« tatsächlich meinte.

Hitler will sich ein ganzes Volk für den kommenden Krieg um »Lebensraum« im Osten formen, und er will die nach seinen wahnhaften Vorstellungen Schuldigen am Niedergang Deutschlands ausschalten, vornehmlich die Juden und »Marxisten«. Das sind die vorrangigen, wenn nicht einzigen Ziele seiner Innenpolitik, die in diesen Tagen durch eine Doppelstrategie von demagogischer Beschwörung der völkischen Schicksalsgemeinschaft und rücksichtslosem Vorgehen gegen die politische Opposition Gestalt anzunehmen beginnt. Kommunisten und Sozialdemokraten sind die ersten Opfer von Hitlers mit der Parole »Kampf dem Marxismus« geführtem Wahlkampf.

Mit Reichsinnenminister Frick und Göring als kommissarischem preußischen Innenminister waren zwei Schaltstellen der Macht mit Nationalsozialisten besetzt. Zeitungen und politische Versammlungen unterliegen seit dem 4. Februar einer Notverordnung, die für den Fall einer unmittelbaren »Gefahr für die öffentliche Sicherheit« ohne nähere Bestimmungen als Verbotsknüppel genutzt werden kann. »Meine Maßnahmen werden nicht angekränkelt sein durch irgendwelche juristischen Bedenken«, sagt der von Amts wegen für die Rechtssicherheit zuständige preußische Innenminister Hermann Göring ganz offen. »Hier habe ich keine Gerechtigkeit zu üben, hier habe ich nur zu vernichten und auszurotten, weiter nichts.« Als im Februar während einer Protestversammlung gegen die nun einsetzenden Repressalien jemand eine Erklärung des Literaturnobelpreisträgers Thomas Mann für die Republik verliest, wird die Versammlung in Berlin kurzerhand von der Polizei aufgelöst, weil ein Nachredner angeblich die Nazis lächerlich gemacht hatte.

Am 1. April 1933 um 10 Uhr beginnt ein reichsweiter Boykott jüdischer Geschäfte, Ärzte und Rechtsanwälte. Organisiert wird er vom fränkischen Gauleiter Julius Streicher.

Am 22. Februar setzt Göring per Erlaß SA und SS in Preußen als Hilfspolizei ein, nachdem er bereits fünf Tage zuvor alle Polizeibehörden angewiesen hatte, »gegenüber den nationalen Verbänden, in deren Kreisen die wichtigsten staatserhaltenden Kräfte vertreten sind, das beste Einvernehmen herzustellen«. Dem Treiben staatsgefährdender Organisationen sei dagegen mit den schärfsten Mitteln entgegenzutreten und, »wenn nötig, rücksichtslos von der Schußwaffe Gebrauch zu machen«. Wer dabei in falscher Rücksichtnahme versage, so Göring, habe mit dienststrafrechtlichen Folgen zu rechnen. Von Göring eingesetzte »Kommissare zur besonderen Verfügung« wie der Berliner SS-Führer Kurt Daluege sollen, mit eigenen Vollmachten ausgestattet, die Ausführung des Erlasses kontrollieren.

Kommunistische Versammlungen unter freiem Himmel sind verboten, in Norddeutschland werden sozialdemokratische Demonstranten von der Polizei auseinandergejagt, in Krefeld der Zentrumsabgeordnete und ehemalige Arbeitsminister Adam Stegerwald zusammengeschlagen. 50 000 »nationale Kräfte« im Polizeidienst sorgen nun dafür, daß der Straßenterror der Nazis legalisiert wird. Es sind zugleich die ersten Schritte zur vollständigen Übernahme des Staatsapparats durch die »nationalsozialistische Revolution«.

Nürnberg: Stadt der Reichsparteitage

Jungvolk der Hitlerjugend marschiert aus Anlaß des »Reichsparteitags des Sieges« im September1933 durch Nürnberg. Rechts im Vordergrund der fränkische Gauleiter Julius Streicher.

Die Nürnberger Reichsparteitage sind gigantische Spektakel, die beinahe alle sonstigen Veranstaltungen während der NS-Zeit in den Schatten stellen. Hier inszenieren sich im September jeden Jahres der »Führer« und seine Partei. Zehn Parteitage veranstaltet die NSDAP zwischen 1923 und 1938, vier während der Weimarer Zeit, sechs während des Dritten Reiches. Sie alle haben kaum programmatische Funktion, dienen ganz überwiegend propagandistischen Zwecken und stehen jedes Jahr unter einem Motto:

1933: »Parteitag des Sieges«
1934: »Parteitag der Einheit und Stärke«
1935: »Parteitag der Freiheit«
1936: »Parteitag der Ehre«
1937: »Parteitag der Arbeit«
1938: »Parteitag Großdeutschlands«

1933 ernennt Hitler Nürnberg zur »Stadt der Reichsparteitage«. Noch im selben Jahr beginnen am Stadtrand auf einer Fläche von 16 Quadratkilometern die Bauarbeiten am Parteitagsgelände. Die Arbeiten auf dieser größten Baustelle Europas werden erst nach dem Überfall auf Polen 1939 eingestellt. Die Nazis können nur einen Bruchteil ihrer Planungen verwirklichen. Bis heute erhalten geblieben ist die in weißem Kalkstein gehaltene 23 Meter hohe Zeppelintribüne an der Kopfseite eines für 100 000 Teilnehmer konzipierten Aufmarschfeldes. Auch die Kongreßhalle hat den Krieg überstanden und dient heute unter anderem als Lagerfläche des Christkindlmarktes. Der nie für einen Kongreß genutzte Bau ist dem Kolosseum in Rom nachgebildet, aber im Sinne der nazistischen Einschüchterungsarchitektur anderthalbmal so groß.

Das Parteitagsgelände ist von einer 60 Meter breiten Aufmarschstraße durchzogen, mit Blick auf die Burg des mittelalterlichen Nürnberg. Die Blickachse sollte die Kontinuität versinnbildlichen, die angeblich von den kaiserlichen Reichstagen bis hin zu den nationalsozialistischen Parteitagen reicht.

Das Ende des Föderalismus: Der Führerstaat

Unter den Nationalsozialisten wird aus dem föderalistischen Deutschland ein zentralistischer Führerstaat. Die Zeit der gewählten Länderparlamente und demokratisch legitimierten Länderregierungen ist 1933 beendet. An der Spitze der gleichgeschalteten Länder stehen von der NSDAP-Führung ernannte Reichsstatthalter. In vielen Fällen besetzen die Leiter der Parteigaue diese Ämter. Durch die Personalunion verschmelzen Partei- und Staatsämter.

Die NSDAP ist in sogenannte Gaue strukturiert. Die Gaugrenzen entsprechen nicht denen der historischen Länder, sondern den Reichstagswahlkreisen. In einigen Fällen bilden Teile mehrerer Länder einen Parteigau. Jedem Parteigau steht ein von Hitler persönlich ernannter Gauleiter vor. Nach verschiedenen Umstrukturierungen entstehen 42 Gaue, der 43. Gau ist die NSDAP-Auslandsorganisation. Ein Gau ist in Kreise unterteilt, diese in Ortsgruppen, die wiederum in Zellen und Blöcken organisiert sind. Auf lokaler Ebene sind NSDAP-Kreisleiter oft gleichzeitig Bürgermeister.

Der Gauleiter von Westfalen Gustav Meyer schreitet im Mai 1937 eine SS-Formation auf dem Domplatz in Münster/Westfalen ab. Meyer ist auch Reichsstatthalter in den Ländern Lippe und Schaumburg-Lippe.

Die Struktur des Reichsstatthaltertums basiert auf den alten Länderstrukturen. Das Amt des Reichsstatthalters in Preußen, dem Land, das über 60 Prozent der Fläche des Reiches umfaßt, übt Hitler selbst aus bzw. läßt das Amt von dem zum Ministerpräsidenten ernannten Hermann Göring verwalten. Für die außerpreußischen Länder werden Reichsstatthalter bestimmt; Länder mit weniger als zwei Millionen Einwohnern werden organisatorisch zusammengeschlossen und einem gemeinsamen Reichsstatthalter unterstellt.

Das Amt des Reichsstatthalters entsteht mit dem »Zweiten Gesetz zur Gleichschaltung der Länder mit dem Reich« vom 7. April 1933. Das Reichsstatthaltergesetz vom Januar 1935 erweitert ihre Kompetenzen. Die Reichsstatthalter unterstehen dem Reichskanzler. Sie sind als Vertreter des »Führers« dessen rechte Hand in den Ländern. Mit dem »Gesetz über den Neuaufbau des Reiches« vom 30. Januar 1934 werden die Länderparlamente aufgelöst, kurze Zeit später auch der Reichsrat. Die Länderregierungen werden direkt der Reichsregierung unterstellt.

Die elf Reichsstatthalter-Bezirke außerhalb Preußens sind 1933:
Baden (Sitz: Karlsruhe)
Braunschweig/Anhalt (Sitz: Dessau)
Bayern (Sitz: München)
Hamburg (Sitz: Hamburg)
Hessen (Sitz: Darmstadt)
Oldenburg/Bremen: (Sitz: Oldenburg)
Lippe/Schaumburg-Lippe (Sitz: Detmold)
Mecklenburg (Sitz: Schwerin)
Sachsen (Sitz: Dresden)
Thüringen (Sitz: Weimar)
Württemberg (Sitz: Stuttgart)

Nach dem »Anschluß« Österreichs, dem Einmarsch in das Sudetenland und dem Überfall auf Polen werden die hinzugewonnenen Gebiete in Reichsgaue unterteilt. Sie sind gleichzeitig staatliche Verwaltungseinheit und NSDAP-Gau. Den Reichsgauen Danzig-Westpreußen, Wartheland, Sudetenland und den sieben Alpen-Donau-Reichsgauen Tirol-Vorarlberg, Kärnten, Salzburg, Steiermark, Oberdonau, Niederdonau und Wien stehen Reichsstatthalter vor, die dort zugleich als Gauleiter fungieren.

DER WEG ZUR TOTALEN DIKTATUR

Der Reichstag brennt

Das alles passiert einige Tage, bevor am 27. Februar 1933 das Reichstagsgebäude in Flammen aufgeht. In den Tagen zuvor kursierten Gerüchte, Hitler wolle mit einem inszenierten Attentat auf sich selbst einen Vorwand für ein noch härteres Vorgehen herbeizaubern, und der SPD-Abgeordnete Paul Löbe hatte sich schon mit dem Gedanken beschäftigt, diese Pläne publik zu machen, als der Reichstagsbrand jedes Szenario dieser Art überflüssig macht. Um 21 Uhr war der Brand bemerkt worden, eine halbe Stunde später konnten Polizisten im brennenden Parlament den niederländischen Linksanarchisten Marinus van der Lubbe festnehmen. Er habe die Brandstiftung allein unternommen, erklärt van der Lubbe, um die deutsche Arbeiterschaft zum Widerstand gegen das NS-Regime aufzurufen. Wahrscheinlich war er tatsächlich ein Einzelgänger, obwohl gerade wegen der vorhergehenden Attentatsgerüchte immer wieder die Behauptung aufgestellt worden ist, daß die Nazis selbst hinter dem Brand gestanden hätten. Wie auch immer: Zumindest haben sie sofort die Möglichkeiten begriffen, die ihnen dieses Ereignis eröffnete.

Göring war der erste, der noch vor Hitler und Goebbels am Brandort eintraf. »Das ist der Beginn des kommunistischen Aufstandes, sie werden jetzt losschlagen!« läßt er mit pathetisch schwerer Stimme Rudolf Diels, den späteren ersten Gestapo-Chef, wissen. »Es darf keine Minute versäumt werden.« Schwer zu sagen, ob er an den kommunistischen Aufstand wirklich geglaubt hat, letzteres aber hat er mit Bestimmtheit ernst gemeint. Auch Hitler begreift sofort, nachdem er im Reichstag eingetroffen ist, die Gunst der Stunde. »Jeder kommunistische Funktionär wird erschossen, wo er angetroffen wird«, bestimmt er noch vor Ort und ohne Rücksicht auf die wirklichen Hintergründe: »Alles ist festzusetzen, was mit den Kommunisten im Bunde steht. Auch gegen Sozialdemokraten und Reichsbanner gibt es jetzt keine Schonung mehr.«

Linke Seite: Stadtwerker in Worms unter Hindenburg- und Hitler-Bild, 1933. In diesem Jahr werden die Nationalsozialisten das Reich in ihrem Sinne »gleichschalten«. Politische Gegner werden ausgeschaltet. Erst trifft es die Kommunisten, dann die übrigen Parteien und die Gewerkschaften, schließlich auch die Länder und die öffentliche Verwaltung. Der alternde Reichspräsident läßt es geschehen.

Eine Razzia von Polizei und zu Hilfspolizisten ernannten SA-Mitgliedern in Altona im März 1933. In dem Arbeiterviertel Altonaer Altstadt zwischen der Königstraße und der damaligen Hamburger Stadtgrenze am Nobistor hat bis März 1933 die KPD eine starke Position.

Noch vor dem Morgen des 28. Februar sind viertausend kommunistische Funktionäre und Parteimitglieder in »Schutzhaft« genommen worden. Göring hat sofort alle kommunistischen Zeitungen, und auf zwei Wochen auch alle sozialdemokratischen, verbieten lassen. Sämtliche Parteilokale der Kommunisten werden gestürmt und geschlossen. Der Parteivorsitzende Ernst Thälmann, der rechtzeitig untertauchen konnte, wird am 3. März auf Grund einer Denunziation in seinem Charlottenburger Versteck aufgespürt und festgenommen. Im Nürnberger Prozeß nach dem Krieg wird Göring zugeben, daß diese Verhaftungswelle auf jeden Fall stattgefunden hätte, ohne den Reichstagsbrand allerdings zu einem späteren Zeitpunkt.

Am 28. Februar haben die Nazis auch damit begonnen, mit Leuten »aufzuräumen«, die mit den Kommunisten wenig oder nur am Rande zu tun hatten. Carl von Ossietzky, der Herausgeber der *Weltbühne*, wird an diesem Tag ebenso in »Schutzhaft« genommen wie die Schriftsteller Erich Mühsam, Ludwig Renn und Egon Erwin Kisch, der Sexualforscher Max Hodann und der Rechtsanwalt Hans Litten. Überall in Deutschland entstehen zu dieser Zeit unter Führung der SA die ersten »wilden« Konzentrationslager. Eines davon befand sich in der Alten Brauerei an der Berliner Straße

Geschäftszimmer des Schutzhaftlagers im thüringischen Altenburg, März oder April 1933. Mit dem Mittel der »Schutzhaft« vor allem schaltet das NS-Regimes seine Gegner aus. Die formaljuristische Grundlage der »Schutzhaft« ist eine Reichstagsverordnung vom 28. Februar 1933, die der Geheimen Staatspolizei die willkürliche Verhaftung von Gegnern des Regimes gestattet.

in Oranienburg, in der sich die SA-Standarte 208 seit Februar eingenistet hatte. Nach einer Odyssee durch mehrere Gefängnisse wird Mühsam im Februar 1934 dorthin verschleppt. Nur wenige Monate später bringt ihn die SA um.

Carl von Ossietzky ist am Morgen des 28. Februar um 4 Uhr früh in der Bayerischen Straße 12 von zwei Zivilbeamten verhaftet worden. Ein gedungener Denunziant wird später aussagen, Ossietzky während des Reichstagsbrandes in einer kommunistischen Kneipe am Alexanderplatz bei konspirativen Gesprächen belauscht zu haben. Als der »Schutzhäftling« Ossietzky 1935 den Friedensnobelpreis erhält, ist dies für Hitler Anlaß, Reichsdeutschen in Zukunft die Annahme von Nobelpreisen grundsätzlich zu untersagen. Ossietzky stirbt kurz darauf an den Folgen von Hitlers Konzentrationslagerhaft.

Zielgerichtet nutzt die nationalsozialistische Führung den Reichstagsbrand, um kurz vor der Reichstagswahl am 5. März 1933 die brutale Verfolgung von Regimegegnern noch zu verschärfen. »Nun können wir aufs Ganze gehen«, frohlockt Goebbels noch in der Nacht nach dem Brand. Die Zahl derer, die innerhalb der nächsten Wochen in »Schutzhaft« genommen und in improvisierte Konzentrationslager verschleppt werden, steigt

Fritz Thyssen: Der Finanzier

Fritz Thyssen gehört zu den ersten Industriellen, die Adolf Hitler und seine Partei finanziell unterstützen werden. Thyssen ist Mitglied der monarchistischen DNVP, aber als er Hitler 1923 kennenlernt, ist er fasziniert von dem jungen Politiker, dem er zutraut, die Arbeiterbewegung nicht klassenkämpferisch, sondern national auszurichten. Er unterstützt Hitler beim Kauf des Barlowschen Palais als Parteihaus in München, stellt Kontakte zur Wirtschaft her und öffnet ihm die Tür zum Düsseldorfer Industrieclub.

Nachdem er 1933 der NSDAP beigetreten ist, rückt Thyssen im gleichen Jahr in den Generalrat der Wirtschaft auf. Bald wird er Preußischer Staatsrat und Mitglied des Reichstags. Gleichzeitig bleibt er Aufsichtsratsvorsitzender der Vereinigten Stahlwerke und August Thyssen-Hütte AG.

Nach 1935 geht Thyssen immer mehr auf Distanz zum Regime. Wegen seiner Abscheu angesichts der Judenpogrome und seiner Ablehnung eines Krieges gegen die Westmächte – den Krieg mit der Sowjetunion befürwortet er – flieht Thyssen 1939 in die Schweiz. 1940 wird er ausgebürgert, und die Nazis ziehen sein Vermögen ein. Noch im selben Jahr nimmt ihn die französische Vichy-Regierung während einer Durchreise fest und liefert ihn gemeinsam mit seiner Frau Amélie an Deutschland aus. Bis 1945 sitzen beide in Haft, zuerst in einem Sanatorium bei Berlin, dann als »Ehrenhäftlinge« in Sachsenhausen, Buchenwald und Dachau. Auch nach Kriegsende kommt Thyssen nicht frei, die Amerikaner halten ihn drei weitere Jahre gefangen. Erst nachdem er im Zuge der Entnazifizierung von der Spruchkammer in Königstein/Taunus als »minderbelastet« eingestuft wird, ist er ein freier Mann. 1950 wird ihm auch sein Vermögen zurückerstattet. Wenige Monate später stirbt Thyssen in Buenos Aires.

Der Aufsichtsrat und Vorstand der Vereinigten Stahlwerke A.G. in Düsseldorf, 1935. 3.v.l.: Fritz Thyssen.

Die Wirtsleute der Gastwirtschaft »Zum Heißen Stein« in Aschaffenburg warten 1933 auf ihre Gäste. Für diejenigen, die keine erklärten politischen Gegner der Nazis sind und die keiner diskriminierten und ausgegrenzten Minderheit angehören wie die Juden, verläuft das Leben nach 1933 zunächst in den gewohnten Bahnen weiter.

schnell auf Zehntausende an. Schon am Tag nach dem Brand wird die Verfolgung durch die Reichstagsbrandverordnung legalisiert. Die von Reichspräsident Paul von Hindenburg auf Empfehlung des Kabinetts erlassene Notverordnung setzt die wesentlichen Grundrechte der Weimarer Verfassung außer Kraft. Seitdem befindet sich das Deutsche Reich bis zu seinem Ende im Frühjahr 1945 in einem förmlich verhängten zivilen Ausnahmezustand. Politische Gegner können jetzt ohne Anklage und Beweise in gerichtlich nicht kontrollierbare »Schutzhaft« genommen und regimekritische Publikationen ohne weiteres verboten werden.

Alle Grundrechte sind seit diesem 28. Februar in Deutschland mit einem Federstrich des alternden Reichspräsidenten außer Kraft gesetzt. Das war weit mehr, als der Artikel 48 der Weimarer Verfassung je vorgesehen hatte, nach dem Notverordnungen immer nur eine vorübergehende Wirkung haben sollten. Jetzt aber befindet sich das ganze Reich im Ausnahmezustand. Alles ist möglich geworden. Kein Verhafteter muß mehr innerhalb von 24 Stunden einem Richter vorgeführt werden, das Recht auf einen Verteidiger und auf Akteneinsicht ist suspendiert, ein Berufungsrecht existiert nicht mehr. Mit dieser im Schnellverfahren unter dubiosen Anschuldigungen verabschiedeten Verordnung ist im Deutschen Reich der

Ein Festwagen während der Heimatwoche 1934 in Vechta stellt das Flaggschiff des Norddeutschen Lloyd, die »Bremen«, dar. Mit den Dampfern des Lloyd verlassen viele Deutsche jüdischen Glaubens ihre Heimat. Die erste Auswanderungswelle setzt im April 1933 als Folge des Boykotts jüdischer Geschäfte und der ersten gesetzlichen Repressalien ein. Rund 37 000 Juden verlassen in diesem Jahr Deutschland, 1934 sind es noch einmal 23 000.

Rechtsstaat von heute auf morgen unspektakulär und bedenkenlos verabschiedet worden. »Hier, und nicht erst im Ermächtigungsgesetz einige Wochen später«, so der Historiker Hans-Ulrich Thamer, »wurde die entscheidende gesetzliche Grundlage nationalsozialistischer Herrschaft geschaffen, schon hier wurde die scheinlegale Begründung geschaffen für den Terror und die Verfolgung aller Gegner des Regimes.«

Während dieses Ausnahmezustands finden am 5. März die letzten Wahlen statt. »Die zahlreichen braunen Uniformen, die riesigen Naziplakate, mit denen die Städte und das Land übersät waren«, so der amerikanische Botschafter Frederic M. Sackett über die Tage vor der Wahl, »die häufigen Aufmärsche der braunen Heerscharen und die täglichen Wahlreden der Naziführer durch den Rundfunk zielen darauf ab, den Eindruck gerade jetzt zu erwecken, daß es in Deutschland nur eine große Partei gibt.« Am Vorabend der Wahl inszeniert Goebbels mit großem Pomp den bevorstehenden »Tag der erwachenden Nation«. Hitler wird nach Königsberg eingeflogen, in die alte Krönungsstadt der preußischen Könige.

Der Feldmarschall (Hindenburg), sagt Hitler in einer genau durchkalkulierten Rede, habe Ostpreußen vom Feind befreit, während er als einfacher Grenadier im Westen seine Pflicht erfüllte. »Feierliche Stille«, so

Prinz August Wilhelm von Preußen: NSDAP-Mitglied Nr. 24

Prinz August Wilhelm von Preußen in Zivil im Jahr 1930, fotografiert von Hitlers Leibfotografen Heinrich Hoffmann.

Prinz August Wilhelm, der vierte Sohn von Kaiser Wilhelm II., ist als Parteimitglied und begeisternder Redner der Vorzeige-Adlige für die Nazis. Am 29. Januar 1887 im Potsdamer Stadtschloß geboren, wurde er 1907 zum Doktor der Staatswissenschaften promoviert.

»Auwi«, mit Prinzessin Alexandra Viktoria von Schleswig-Holstein-Sonderburg-Glücksburg verheiratet, ist musisch sehr interessiert und versucht sich als Maler. Wie die meisten Hohenzollern hat er auch ein Faible für das Militär. Über die Mitgliedschaft im Stahlhelm kommt er zur NSDAP, der er am 1. April 1930 beitritt. Sein Mitgliedsausweis trägt die Nr. 24 - obwohl die Partei schon 100000 Mitglieder hat. Am 4. Juni 1931 folgt seine Aufnahme in die SA, 1933 wird August Wilhelm preußischer Staatsrat und Mitglied des Reichstages. Bis dahin hat er in monarchistischen Kreisen für die Partei geworben, und jetzt spricht er regelmäßig auf Massenkundgebungen. In der SA steigt er 1939 zum Obergruppenführer auf. Aber 1942, nachdem er sich im privaten Kreis negativ über Goebbels geäußert hat, fällt er in Ungnade.

Anfang Februar 1945 verläßt er Potsdam. Er flüchtet nach Kronberg nahe Frankfurt am Main zur Landgräfin Margarete von Hessen, einer Schwester seines Vaters. Am 8. Mai 1945 wird er von den Amerikanern festgenommen und muß drei Jahre Lagerhaft absitzen. Prinz August Wilhelm von Preußen stirbt am 25. März 1949 im Alter von 62 Jahren in einem Stuttgarter Krankenhaus.

Goebbels, habe nach diesen Worten, die eine neue deutsche Volkseinheit von alt und neu, Ost und West, oben und unten beschworen, über der ganzen Versammlung gelegen, »Rührung und tiefste Ergriffenheit«. Am Ende klingt in den Schlußakkord der Rede das Niederländische Dankgebet, das in der letzten Strophe übertönt wird vom Glockenläuten des Königsberger Doms. Millionen können über das Radio dabei sein. Es war tatsächlich ein überaus erfolgreiches Meisterstück der Agitation, was Goebbels da inszeniert hatte.

Aschaffenburg: SA und Vertreter von Kriegervereinen sammeln sich am 2. August 1934 in der Weißenburger Straße zur Trauerkundgebung für den verstorbenen Reichspräsidenten Paul von Hindenburg.

Dennoch verfehlen die Nazis bei diesen kaum mehr frei zu nennenden Wahlen mit 43,9 Prozent deutlich die erhoffte absolute Mehrheit. In Berlin, was für Goebbels besonders enttäuschend ist, kommen sie sogar nur auf 31,3 Prozent. Hitler jedoch betrachtet das Ergebnis als »Revolution«, zumal er nun gemeinsam mit den acht Prozent seiner konservativen Partner von der »Kampffront Schwarz-Weiß-Rot« doch noch an eine absolute Mehrheit kommt. Die Kommunisten haben zwar mit 12,3 Prozent nicht übermäßig verloren, aber sie sind kaum noch handlungsfähig. »Jetzt haben wir es geschafft«, notiert Goebbels in der Wahlnacht ins Tagebuch. »Jetzt kann der Aufbau im Durchbruch der deutschen Revolution beginnen.«

Schon drei Tage nach der Reichstagswahl werden auf Grundlage der »Reichstagsbrandverordnung« alle politischen Mandate von Mitgliedern der Kommunistischen Partei Deutschlands annulliert. »Gegen Verrat am deutschen Volke und hochverräterische Umtriebe« war diese von Hindenburg unterzeichnete Verordnung gerichtet, doch sie enthält, wie die Verordnung vom 28. Februar, keine Ausführungsbestimmungen, so daß der Willkür Tür und Tor geöffnet werden. Ohne weiteres kann Göring die Verordnung auf alle ausdehnen, »die mit den Kommunisten zusammenarbeiten und deren verbrecherische Ziele, wenn auch nur mittelbar, unterstützen und fördern«.

Auf den Tag genau 62 Jahre nach der ersten Reichstagssitzung im Kaiserreich wird am 21. März der neue Reichstag eröffnet. Ganz bewußt hat man nach dem Reichstagsbrand Potsdam als Traditionsort preußischer Geschichte dafür ausgewählt. Wieder, wie in Königsberg vor der Wahl, inszeniert der eine Woche zuvor zum Propagandaminister ernannte Joseph Goebbels den »Tag von Potsdam« über dem Grab Friedrichs des Großen in der Garnisonkirche als symbolische Verbindung von altem und neuem Deutschland. Hitler begrüßt, im zivilen schwarzen Cut, mit tiefer, fast ehrfurchtsvoll inszenierter Verbeugung, den 86jährigen Hindenburg, der die Uniform des kaiserlichen Generalfeldmarschalls trägt. Repräsentanten von Wirtschaft und Verwaltung, Offiziere der Reichswehr, Veteranen der Bismarckschen Reichseinigungskriege und uniformierte SA-Leute drängen sich in der Kirche. Anwesend sind auch die Reichstagsabgeordneten der rechten und bürgerlichen Parteien.

Die Sozialdemokraten blieben demonstrativ fern. Nicht anwesend waren auch die kommunistischen Abgeordneten. Sie waren, wie der nationalsozialistische Innenminister Wilhelm Frick höhnisch bemerkte, »durch nützliche Arbeiten in den Konzentrationslagern« am Erscheinen gehindert. Das alles hindert Hindenburg nicht, nach dem Choral »Nun danket alle Gott« in seiner Ansprache zu behaupten, das Volk habe sich »mit einer klaren Mehrheit hinter diese durch mein Vertrauen berufene Regierung gestellt und ihr dadurch die verfassungsmäßige Grundlage für ihre Arbeit gegeben«.

Hitler hat nie einen Hehl daraus gemacht, daß die einzige Aufgabe dieses Reichstags darin bestehen sollte, ihm zu einem Ermächtigungsgesetz zu verhelfen. Zwei Tage nach dem von Reichspropagandaminister Joseph Goebbels erfolgreich inszenierten »Tag von Potsdam« stimmt das Rumpfparlament tatsächlich dem »Gesetz zur Behebung der Not von Volk und Reich« zu, das, so Reichsinnenminister Frick, »so weit gefaßt« ist, daß damit »von jeder Bestimmung der Reichsverfassung abgewichen werden« kann. Es ist, mit anderen Worten, eine unbeschränkte Lizenz zur Diktatur. Reichstag und Reichsrat sowie der Reichspräsident sind für die Dauer der Gültigkeit dieses Gesetzes faktisch entmachtet.

Als würde das Ergebnis von Anfang an feststehen, ist der große Saal der Kroll-Oper im Tiergarten, in der sich die Abgeordneten nach dem Brand im Reichstag versammeln, an der Stirnseite mit einem gewaltigen Hakenkreuz dekoriert, das den Eindruck erweckt, es handle sich hier bereits um ein nationalsozialistisches Parlament. Das Ermächtigungsgesetz würde eine Änderung der Weimarer Verfassung bedeuten und bedurfte deshalb einer Zweidrittelmehrheit. Doch Hitler hat an einem für ihn günstigen Ausgang der Abstimmung nie gezweifelt. Nur die Sozialdemokraten würden tat-

Bau der Reichsautobahnen

Ein Viertel des heute in der Bundesrepublik bestehenden Autobahnnetzes entstand im Deutschen Reich zwischen 1935 und 1939.

	1934	1935	1936	1937	1938	1939	2004
Strecken in Betrieb in km	0	112	1085	2020	3065	3171	12044
Netz 2004 in Prozent			9%	17%	25%	26%	100%
Strecken im Bau in km	1191	1808	1590	1458	1490	2193	
Tankstellen				48	86	114	

Strecken (über 100 km) im Jahr 1939	in km
Berlin – Leipzig – Nürnberg – München	523
Göttingen – Kassel – Frankfurt a. M. – Karlsruhe – Pforzheim	389
Herford – Essen – Köln – Ittenbach	269
Pforzheim – Stuttgart – Ulm – München	239
Forst – Liegnitz – Breslau – Brieg	231
Okrilla – Dresden – Chemnitz – Weimar	210
Berlin – Stettin	141
Hamburg – Bremen – Burgdamm	125
München – Salzburg	125
Berliner Ring einschl. Brandenburger Dreieck bis Werder	118

Quelle: Statistisches Jahrbuch Deutsches Reich

sächlich gegen das Ermächtigungsgesetz stimmen. Hätte Hitler, wie von Hugenberg vorgeschlagen, die KPD vor den Wahlen verboten, wären viele kommunistische Stimmen wahrscheinlich der SPD zugute gekommen. Doch so fallen die Stimmen der 81 kommunistischen Abgeordneten einfach weg. Reichstagspräsident Hermann Göring hatte sie nicht eingeladen, und die meisten hätten ohnehin nicht erscheinen können, weil sie bereits in »Schutzhaft« genommen worden waren. Auch 26 Sozialdemokraten waren am Erscheinen gehindert worden. 107 sichere Gegenstimmen waren durch solche Willkürmaßnahmen bereits neutralisiert, bevor der Reichstag zusammentrat.

Daß sie bei einem für sie ungünstigen Verlauf nicht nur gegen Sozialdemokraten, sondern auch gegen andere mit Gewalt vorgehen würden, daran haben die Nazis keine Zweifel aufkommen lassen. Während das Parlament tagt, ist die Kroll-Oper von SS-Einheiten umstellt. Grölende SA-Trupps empfangen die Abgeordneten mit Rufen wie »Zentrumsschwein« oder »Marxistensau«, und im Innern hat sich SA drohend entlang der Wände postiert und skandiert: »Wir fordern das Ermächtigungsgesetz –

Schlageter-Gedenken auf dem Alten Markt in Vechta, 1933. Albert Leo Schlageter ist einer der Märtyrer der NSDAP. Das Freikorps- und NSDAP-Mitglied wird 1923 von den Franzosen wegen eines Sabotageaktes gegen die Ruhrbesetzung in Düsseldorf hingerichtet.

sonst gibt's Zunder.« Hitler selbst ist im Braunhemd erschienen. Im Parlament regiert die Straße. Auf dem Weg zur Kroll-Oper war kurz vor der Sitzung Carl Severing, der ehemalige sozialdemokratische Innenminister Preußens, verhaftet worden. Otto Wels, der SPD-Parteivorsitzende, ist der einzige unter den Rednern, der sich von dieser Drohkulisse nicht einschüchtern läßt. »Wir deutschen Sozialdemokraten bekennen uns in dieser historischen Stunde feierlich zu den Grundsätzen der Menschlichkeit und Gerechtigkeit, der Freiheit und des Sozialismus«, sagt er, wohl wissend, daß dies vermutlich seine Abschiedsrede sein wird: »Kein Ermächtigungsgesetz kann Ihnen die Macht geben, Ideen zu zerstören, die ewig und unzerstörbar sind.« Gewalt und Unrecht, so Wels, könnten niemals eine Volksgemeinschaft begründen.

Prälat Kaas dagegen, der Führer des Zentrums, der zweiten großen Weimarer Partei, hat sich einwickeln lassen. Ohnehin in seiner Entscheidungsfreiheit beeinträchtigt durch die laufenden Verhandlungen der deutschen Regierung mit dem Vatikan über ein Konkordat, das Geistlichen in Zukunft die politische Betätigung untersagen sollte, ist er auf großspurige Zusagen

Hitlers hereingefallen, die nie eingehalten wurden. Hitler hatte Kaas einen Brief zugesagt, in dem er sich schriftlich verpflichten wolle, auch in Zukunft das Vetorecht des Reichspräsidenten zu respektieren. Es gab diesen Brief nie, doch Kaas entschließt sich trotzdem zur Zustimmung, obwohl Heinrich Brüning sich hellsichtig und mit mehr als deutlichen Worten gegen jede weitere Nachgiebigkeit wendet. Schließlich jedoch siegt Kaas mit dem Verweis auf die Fraktionsdisziplin. Zugestimmt haben auch die fünf Abgeordneten der 1930 aus der DDP hervorgegangenen Deutschen Staatspartei, unter ihnen der spätere Bundespräsident Theodor Heuss.

Mit 444 Stimmen der Regierungskoalition aus NSDAP und DNVP sowie von Zentrum, Bayerischer Volkspartei und Deutscher Staatspartei wird das Gesetz, das eine uneingeschränkte Diktatur legalisieren soll, in namentlicher Abstimmung angenommen. Der Selbstmord des Parlaments wird von den Naziabgeordneten und versammelter SA mit frenetischem Jubel begrüßt. »Jetzt sind wir auch verfassungsmäßig die Herren des Reichs«, kommentiert ein zufriedener Goebbels den Vorgang. »Der Tag des Dritten Reichs ist gekommen«, triumphiert der *Völkische Beobachter.* »Das parlamentarische System kapituliert vor dem neuen Deutschland.« Der Weg in die Einparteiendiktatur ist frei.

Fernsprechvermittlung der Deutschen Reichspost durch die »Fräuleins vom Amt« 1933 in Worms. Die Zahl der Telefonanschlüsse liegt zu dieser Zeit im Deutschen Reich bei unter 3 Millionen. In sieben Jahren, im Juli 1940, werden den Juden in Deutschland die Telefonanschlüsse entzogen werden.

Das gleichgeschaltete Reich

»So wie die Zusammenschmiedung des Volkes fortschreitet, so schreitet auch die Konzentration unserer Willenskraft fort«, betont Goebbels Anfang April 1933 noch einmal die funktionale Zielsetzung der nationalsozialistischen Innenpolitik. »Am Ende dieses Prozesses steht ein einiges Volk im einigen Reich.« In einem Jahr, so prophezeit er, »wird ganz Deutschland in unserer Hand sein«. Parallel zur Verabschiedung des Ermächtigungsgesetzes haben die Nazis einen Prozeß eingeleitet, der unter dem Namen »Gleichschaltung« bekanntgeworden ist. Als erstes bringen sie die Länder unter ihre Kontrolle und lösen damit das älteste Merkmal deutscher Staatlichkeit, die Föderalstruktur, auf.

Als erstes »Land« wird Preußen zerschlagen. Seit dem »Preußenschlag« vom 20. Juli 1932 fungierte im größten und bevölkerungsreichsten Land des Deutschen Reichs, bis dahin eine Hochburg der Weimarer Koalition, Franz von Papen als Reichskommissar. Hier wird durch die Notverordnung »Zur Herstellung geordneter Regierungsverhältnisse in Preußen« bereits wenige Tage nach dem Amtsantritt der Regierung Hitler der Landtag aufgelöst und die Verfügungsgewalt über Polizei und Verwaltung

6. März 1933: Die Stadtverordnetenversammlung im Rathaus von Münster tagt am Tag nach der Reichstagswahl bereits unter der Hakenkreuzfahne. Links die uniformierten Mitglieder der NSDAP-Fraktion, in der Mitte die drei SPD-Stadtverordneten und rechts die Fraktion des Zentrums.

Wanderer im südlichen Westfalen, Mitte der dreißiger Jahre. Im streng katholischen Sauerland haben es die Nationalsozialisten schwerer, Fuß zu fassen, als in den protestantischen Landesteilen, die immer schon stärker nationalistisch ausgerichtet waren.

dem kommissarischen preußischen Innenminister Hermann Göring unterstellt. Im Laufe des Jahres 1933 wird das gesamte Regierungsgefüge auch der anderen Länder systematisch demontiert, und überall anstelle der amtierenden Regierungen nach dem Vorbild des »Preußenschlags« ein Reichskommissar eingesetzt.

Oft beginnt die »Gleichschaltung« damit, daß Nationalsozialisten nach dem Vorbild des preußischen Modells gezielt Unruhen provozieren und Verwaltungsgebäude oder Rathäuser besetzen. Angeblich um die öffentliche Sicherheit und Ordnung wiederherstellen zu können, und unter Berufung auf die Bestimmungen der Reichstagsbrandverordnung werden dann die Länder der Reihe nach durch Regierungserlaß der Hoheit des Reichs unterstellt.

Hamburg trifft es bereits am Abend der Reichstagswahl vom 5. März 1933. Einen Tag später folgen Lübeck, Bremen und Hessen, am 8. März Württemberg, Baden, Sachsen und Schaumburg-Lippe und zuletzt Bayern, wo sich heftiger Widerstand regte. Ministerpräsident Heinrich Held in München muß jedoch die Erfahrung machen, daß selbst in dieser wichtigen Frage der Reichspräsident durch Notverordnungen und Ermächtigungsgesetz so machtlos geworden ist, daß Held sich gezwungen sieht, am 9. März sein Amt an den früheren Freikorpsführer Franz Ritter von Epp abzuge-

Das Reichskonkordat: Die »Förderung freundschaftlicher Beziehungen«

Am 20. Juli 1933 unterzeichnen Eugenio Pacelli, der langjährige päpstliche Nuntius in Berlin, und der ehemalige Reichskanzler und Bevollmächtigte der Hitler-Regierung Franz von Papen in Rom das Reichskonkordat. In der Präambel erklären beide Seiten, sie seien vom Wunsch geleitet, ihre »freundschaftlichen Beziehungen zu festigen und zu fördern«.

International bedeutet dieser Vertrag für die Nazi-Regierung ein erheblichen Prestigegewinn, und innenpolitisch besänftigt er das Mißtrauen von Teilen der katholischen Bevölkerung gegen die von ihnen als unchristlich und kirchenfeindlich angesehenen Nationalsozialisten. Der Heilige Stuhl seinerseits hofft, auf Grundlage dieses Vertrages als Institution mit eigenen Organisationsstrukturen und Vermögen innerhalb des NS-Staates bestehen zu können. Das Konkordat erfüllt diese Hoffnungen nicht. Ende 1935 beginnen die Konflikte zwischen Teilen der katholischen Kirche und der Regierung Hitler um das Schulwesen.

Komplizierte kirchenrechtliche Verhältnisse: Der Erzbischof von Prag, Kardinal Karol Kašpar, besucht 1935 die niederschlesische Grafschaft Glatz, einen zum Deutschen Reich gehörenden Teil seiner mehrheitlich tschechischen Erzdiözese Prag.

Bis 1937 steigern sich die Repressionen bis zur Verfolgung katholischer Geistlicher wegen nicht deklarierter Devisentransfers aus Rom und angeblicher Sittlichkeitsverbrechen. Protestierende Hirtenbriefe bleiben erfolglos, so daß sich auf mehrfache Bitte Papst Pius XI. veranlaßt sieht, am 14. März 1937 die Enzyklika »Mit brennender Sorge« zu veröffentlichen. In ihr protestiert er gegen die Maßnahmen des Regimes und warnt vor der Ideologie des Nationalsozialismus. Zu breitem politischem Widerstand kommt es in der katholischen Kirche aber ebensowenig wie in der evangelischen. Der Widerstand gegen das Regime bleibt eine individuelle Gewissensentscheidung der jeweiligen Priester.

Das Reichskonkordat ist das einzige außenpolitische Abkommen der Nazizeit, das bis heute geltendes Recht in der Bundesrepublik ist.

ben, der hinfort als Reichskommissar die Weisungen seiner Berliner Zentrale exekutiert. SA-Stabschef Ernst Röhm wird Staatskommissar in München. Der Reichsführer SS Heinrich Himmler beginnt hier seine Karriere im »Dritten Reich« als von Epp eingesetzter Münchner Polizeipräsident, dem als Leiter der Politischen Abteilung der nicht einmal dreißigjährige Reinhard Heydrich zur Seite stehen soll.

Legislativer Abschluß dieser Maßnahmen ist am 31. März das »Vorläufige Gesetz zur Gleichschaltung der Länder mit dem Reich«, das sieben Tage später um ein zweites Gesetz erweitert wird. Ohne Schwierigkeiten kann nun das Ermächtigungsgesetz auch auf die Länder übertragen werden, was mit massiven Säuberungen im öffentlichen Dienst verbunden ist und zur politischen Ausschaltung aller Minister und höheren Staatsbeamten führt, die nicht der NSDAP angehören. »Länder und Kommunen sind nun in unserer Hand«, freut sich Goebbels.

Durch das zweite Gesetz werden in den Ländern Hitler persönlich unterstellte Reichsstatthalter, meist NSDAP-Gauleiter, eingesetzt. Sie sind den Landesregierungen übergeordnet und ihnen gegenüber weisungsbefugt. Mit dem »Gesetz über den Neuaufbau des Reiches« vom 30. Januar 1934, das auch die Länderparlamente beseitigt, fallen die Hoheitsrechte der Länder endgültig an das Reich. Der Reichsrat wird aufgelöst. Alles, was die bundesstaatliche Verfassung des Deutschen Reichs seit dem Mittelalter kennzeichnete, ist zerstört. »Die Partei ist jetzt Staat geworden«, verkündet Hitler. »Alle Macht liegt bei der Reichsregierung.«

Seit den Wahlen Anfang März herrscht in Deutschland ein Geist der Abrechnung. Die Partei feiert ihren Wahlerfolg mit einer Verhaftungswelle, SA-Horden stürmen und plündern jüdische Geschäfte und Kaufhäuser, und überall verbreitet sich der Krake der »wilden KZs«. Allein in Berlin gibt es fünfzig solche Lager, meist in Kellern oder leerstehenden Lagerräumen. 25 000 Verhaftungen hat es zwischen März und April 1933 laut Polizeistatistik gegeben, doch was sich in diesen »wilden« Lagern der SA abspielt, wird von keiner Statistik erfaßt. Juden werden von marodierenden SA-Trupps willkürlich zusammengeschlagen, jüdische Ärzte und Rechtsanwälte an ihrer Berufsausübung gehindert, und an einigen Orten werden jüdische Geschäfte boykottiert. Das alles geschieht zu einer Zeit, wo die SA bereits als Hilfspolizei fungiert, und ruft in der ausländischen Presse eine Welle von Bestürzung und Protest hervor.

Nach allem, was bekannt ist, scheinen einige Naziführer tatsächlich geglaubt zu haben, sie

Rechte Seite: Bauern aus dem Rheinhessischen bieten auf dem Gurkenmarkt in Horchheim Mitte der dreißiger Jahre ihre Ernte vor allem den Konservenfabriken der Region zum Kauf an. Seit 1933/34 vereinigt unter Reichsbauernführer Walther Darré die Organisation »Reichsnährstand« alle Personen und Verbände, die an der Erzeugung landwirtschaftlicher Produkte mitwirken.

könnten die Kritik im Ausland mundtot machen, wenn sie die deutschen Juden als Geisel nehmen. Goebbels hatte anfangs mit einem lancierten Artikel im *Sunday Express* versucht, die Stimmung gegenüber Hitlers Deutschland in England positiv zu beeinflussen. Ende März jedoch entscheidet sich der »Führer« selbst für eine große antisemitische Kampagne, mit der er der zunehmenden Kritik im Ausland das Wasser abgraben will. Hitler glaubt in seinem Wahn tatsächlich, daß sich dahinter, wie schon hinter dem »Novemberverbrechen« von 1918, ein geheimer, gegen Deutschland gerichteter jüdischer Plan verbirgt. »Wir werden gegen die Auslandshetze nur ankommen, wenn wir ihre Urheber oder doch wenigstens Nutznießer, nämlich die in Deutschland lebenden Juden, zu packen bekommen«, berichtet Goebbels über das Ergebnis einer nächtlichen Sitzung auf Hitlers Berghof am 26. März. »Wir müssen also zu einem großangelegten Boykott aller jüdischen Geschäfte in Deutschland schreiten.«

Der Kampagne »Deutsche! Wehrt Euch! Kauft nicht bei Juden!«, die am 1. April 1933 um 10 Uhr als reichsweiter Boykott jüdischer Geschäfte, Ärzte und Rechtsanwälte beginnt, ist allerdings kein großer Erfolg beschieden. Zwar hindern Angehörige von SA und SS unter Androhung von Gewalt und Repressalien Passanten am Betreten jüdischer Geschäfte, doch in Berlin sieht man sogar ordensgeschmückte Generäle demonstrativ jüdische Geschäfte betreten, um ihrem Mißfallen an den Boykottaufrufen Ausdruck zu verleihen. Der ursprünglich auf vier Tage angesetzte Boykott wird bereits am Abend des 1. April wieder abgeblasen. Um das Gesicht zu wahren, verkündet Goebbels, die ausländischen »Greuelnachrichten« über das nationalsozialistische Deutschland seien bereits nach Bekanntgabe des bevorstehenden »Judenboykotts« deutlich abgeflaut.

Doch die Aktion hatte jedem deutlich gemacht, daß die jüdische Bevölkerung in ihrer Gesamtheit von der NS-Führung nicht als Teil des deutschen Volks betrachtet wurde. Wenn auch ein großer Teil der Deutschen den Hooliganismus der SA ablehnte, war die Haltung gegenüber der Frage einer »Eindämmung« des jüdischen Einflusses jedoch weniger eindeutig. Nur eine Woche nach dem mißlungenen Boykott verabschiedet die Regierung am 7. April ein »Gesetz zur Wiederherstellung des Berufsbeamtentums«, das Beamte »nicht arischer Abstammung« in den Ruhestand versetzt und gleichzeitig die »wilden« antisemitischen Säuberungen der vorangegangenen Wochen nachträglich legalisiert.

Es war das erste Mal, daß die rassistische Ideologie der Nazis Eingang in ein Reichsgesetz fand. In schneller Folge wird der »Arierparagraph« nun auch auf andere Berufsgruppen übertragen und ermöglicht den »legalen« Ausschluß von Juden nicht nur aus dem öffentlichen Dienst, sondern auch aus den freien Berufen sowie aus Universitäten und Schulen. Mit der

Verabschiedung des »Erbhofgesetzes« vom 29. September 1933 ist selbst der Besitz eines vererbbaren Bauernhofs an die »arische« Abstammung des Erben gebunden. Als Folge dieser ersten großen antisemitischen Welle des Regimes haben bis zum April 1934 rund 37 000 Juden Deutschland verlassen, ohne daß dies zu einem nennenswerten Protest oder Mißfallenskundgebungen in der Bevölkerung geführt hat.

War der Boykott, lernt Hitler aus diesen Vorgängen, für den innenpolitischen Prozeß der »Gleichschaltung« eher abträglich, so sind es diese gesetzlichen Maßnahmen nicht. Mit ihnen »lernen« die Deutschen im Gegenteil, die Juden im Sinne des Regimes als eine Bevölkerungsgruppe wahrzunehmen, derer man sich erwehren muß. Schon am 24. Mai weiß selbst der Landesverband der Kleingartenvereine Hannovers, daß Gartenfreunde »nicht-arischer Abstammung« nun nicht mehr für den Vorstand kandidieren dürfen. »Gartenfreunde!« heißt es in einem Aufruf. »Auch im deutschen Kleingartenwesen soll nunmehr dem Willen der Regierung gemäß die wahre Volksgemeinschaft entstehen.« Bereits am 2. Mai waren die Freien Gewerkschaften aufgelöst worden, nachdem die Nazis am Tag zuvor den 1. Mai mit Pomp reichsweit als nationalen »Tag der Arbeit« gefeiert hatten. »Das ganze Volk soll sich vereinen in *einem* Willen und *einer* Bereit-

Essen, SA als Hilfspolizei. Im Westviertel in der Schwanenkampstraße müssen Juden im August 1933 mit Fingernägeln einen Sowjetstern von einer Mauer kratzen.

Elf Zwillingspaare besuchen Mitte der dreißiger Jahre eine einklassige Dorfschule in der Bauernschaft Elsten, Gemeinde Cappeln, Kreis Cloppenburg. In der Mitte hat der Lehrer die zweieiigen Zwillinge aufgestellt. In den ländlichen Regionen Deutschlands sind einklassige Schulen seit Einführung der Schulpflicht bis in die sechziger Jahre des 20. Jahrhunderts üblich.

schaft«, hatte Goebbels das gigantomanische Ereignis angekündigt, das an diesem Tag, mitgestaltet durch den jungen Architekten Albert Speer, in einer zentralen Veranstaltung auf dem Tempelhofer Feld in Berlin seinen Höhepunkt finden sollte. »Im ersten Jahre unserer Regierung«, so Goebbels, »wird der Arbeit die Ehre und dem Arbeitertum seine Geltung zurückgegeben.« Aus dem ganzen Reich werden Arbeiterdelegationen mit dem Flugzeug nach Berlin eingeflogen, um auch auf diesem Gebiet die Volksgemeinschaft und die Einheit des Reichs zu demonstrieren.

Die Gewerkschaften sollen, trotz der Anbiederungsversuche des ADGB-Vorsitzenden Theodor Leipart, der sich vor diesem 1. Mai sogar offen von der SPD distanziert, nicht dazugehören. Leipart hatte sogar angeordnet, die Gewerkschaftshäuser am »Tag der nationalen Arbeit« schwarz-weiß-rot zu beflaggen. Dennoch wird er am 2. Mai, nachdem SA und SS im ganzen Reich die Gewerkschaftshäuser besetzt hatten, gemeinsam mit anderen Gewerkschaftsführern in »Schutzhaft« genommen. »Die Teufelslehre des Juden Mardochai soll elendiglich auf dem Schlachtfeld der nationalsozialistischen Revolution krepieren«, kommentiert der spätere Führer der gleichgeschalteten Deutschen Arbeitsfront, Robert Ley, die gewaltsame

Zwei-Generationen-Familie mit drei Kindern in Worms zu Beginn der dreißiger Jahre. In den 1920 geschlossenen Ehen kommen durchschnittlich 2,3 Kinder zur Welt, in den 1930 bzw. 1940 geschlossenen nur noch 2,2 bzw. 1,8 Kinder.

Zerschlagung der ehemals Freien Gewerkschaften. Mit dem »Juden Mardochai« meinte er den Marxismus.

Auch die sozialdemokratische Partei überlebt den »Tag der nationalen Arbeit« nicht lange. Unsicher darüber, wie man sich unter den neuen Bedingungen verhalten sollte, hatten viele Genossen sich an die Zeiten des Sozialistengesetzes unter Bismarck erinnert und sich wie damals auf ein Überwintern im halblegalen Schatten eingerichtet. Doch die Partei gerät unter Druck durch Massenaustritte von Mitgliedern, die sich aus unterschiedlichen, meist privaten Gründen mit dem neuen Regime nicht dauerhaft anlegen wollen. Sie wußten vielleicht besser als mancher in der Parteiführung, daß Hitler nicht Bismarck war. Einige Mitglieder der Führung waren nach Prag emigriert, während andere unter der Führung von Paul Löbe in Berlin immer noch der Illusion anhingen, durch strikte Einhaltung der Legalität dem Regime jeden Vorwand zu einem Verbot nehmen zu können.

Das ging so weit, daß in einem neugewählten sechsköpfigen Direktorium nur »arische« Mitglieder vertreten waren, selbst wenn dies nur eine hilflose Schutzmaßnahme und kein Bekenntnis zum staatsoffiziellen Antisemitismus sein sollte. Doch am 10. Mai werden auch die Parteihäuser der SPD auf Veranlassung von Hermann Göring besetzt und alle Zeitungen

Das Jahr 1933 ist die große Zeit von Hitlers Parteiarmee SA, hier eine »Schar« in Pose. Nicht selten maßen sich solche Schlägertrupps das Recht auf unkontrollierte Selbstjustiz an.

und Unterlagen sowie das gesamte sozialdemokratische Vermögen beschlagnahmt. Am 22. Juni wird die SPD verboten, unverzüglich folgt eine Welle von Verhaftungen.

Am gleichen Tag ordnet Reichsinnenminister Frick ein Verbot der Deutschnationalen Kampfringe an. Stahlhelm-Führer Franz Seldte war ohnehin bereits im April in die NSDAP eingetreten, Alfred Hugenberg tritt einige Tage nach diesem Verbot von seinem Ministerposten zurück. Der Stahlhelm wird nun vollständig in die SA überführt. Die Deutsche Staatspartei löst sich am 28. Juni auf, die Deutsche Volkspartei am 4. Juli, das Zentrum einen Tag später. Ohnehin wäre die Stellung des politischen Katholizismus in Deutschland nach dem Abschluß des Reichskonkordats mit dem Vatikan auf Dauer unhaltbar geworden.

Am 14. Juli 1933 kann Hitler im Kabinett das »Gesetz gegen die Neubildung von Parteien« verkünden, durch das die NSDAP zur einzigen legal zugelassenen Partei im Deutschen Reich wird. An die Stelle der parlamentarischen Demokratie ist nun endgültig der Einparteienstaat getreten, der sich durch das am gleichen Tag erlassene »Gesetz über Volksabstimmun-

Leni Riefenstahl: Hitlers Regisseurin

Leni Riefenstahl und Adolf Hitler im August 1934 auf dem Reichsparteitagsgelände. Leni Riefenstahl, 1902 in Berlin geboren, studiert Malerei und beginnt als Tänzerin. Schon nach ihrem ersten Tanzabend engagiert Max Reinhardt sie für sein Deutsches Theater. Nach ihrer Karriere im Nationalsozialismus arbeitet sie nie wieder als Filmregisseurin, hat aber Erfolg als Fotografin. Sie stirbt nach ihrem 101. Geburtstag im September 2003 in ihrem Haus am Starnberger See.

Es ist der 20. April 1938. Die beiden Olympia-Filme »Fest der Völker« und »Fest der Schönheit«, zusammen vier Stunden lang, werden Hitler zu Ehren an seinem Geburtstag im Berliner Ufa-Palast am Zoo erstmals öffentlich vorgeführt. Die Zuschauer sind beeindruckt. Nie zuvor hat jemand den menschlichen Körper in derart wirkungsvollen Filmbildern gezeigt wie Leni Riefenstahl.

Mit dem mystisch-romantischen Bergfilm »Das blaue Licht« dreht sie 1932 ihren ersten Spielfilm und übernimmt selbst die Hauptrolle. Der erfolgreiche Film wird auf der Biennale in Venedig mit der Silbermedaille ausgezeichnet. Hitler ist begeistert und lädt die Regisseurin zum Gespräch ein. Ihre Zusammenarbeit mit dem NS-Staat beginnt.

Goebbels beauftragt Riefenstahl, die nationalsozialistischen Reichsparteitage in Nürnberg in Szene zu setzen. Sie dreht die Filme »Sieg des Glaubens« und »Triumph des Willens«, die beide durch ihre innovative Ästhetik überzeugen: Riefenstahl arbeitet mit einer bewegten Kamera, dramatischen Perspektiven, bisher unbekannten Lichteffekten und einer souveränen Montagetechnik. Als ästhetisches Meisterwerk gilt auch ihr Olympiafilm. Riefenstahl setzt auf die idealisierte Inszenierung makelloser Körper und die Darstellung großer Menschenmassen. Damit fügt sich der Film nahtlos in die nationalsozialistische Ideologie und Ästhetik, auch wenn Leni Riefenstahl selbst direkte Aussagen dazu vermieden hat. Insgesamt steht ihr für die Produktion ein Team von fast 150 Mitarbeitern zur Verfügung.

Nach der Uraufführung ist der Film in ganz Europa erfolgreich und wird mit Preisen überhäuft. Leni Riefenstahl wird zeit ihres Lebens behaupten, sie habe »Dokumentarfilme ohne Kommentar« produziert und »niemals Propaganda«. Für sie waren ihre Filme Werke autonomer Kunst, die im Nationalsozialismus ihre günstigen Produktionsbedingungen gefunden hatten.

Berühmt wird Theodor Lessing 1924 durch seine meisterhafte Berichterstattung über den Prozeß gegen den Massenmörder Haarmann. Mit seiner korrekten juristischen Darstellung und richtungsweisenden psychologischen Analyse stößt er in bürgerlichen Kreisen auf Unverständnis. 1925 veröffentlicht er eine charakterologische Skizze über den damaligen Kandidaten für das Amt des Reichspräsidenten, Paul von Hindenburg, einen Hannoveraner Mitbürger Lessings, und macht sich so die nationalen Rechten zu Feinden.

Theodor Lessing: Die Ermordung eines Philosophen

Am 30. August 1933 fällt der Philosoph und Publizist Theodor Lessing in seinem tschechischen Exil einem Mordkomplott zum Opfer. Sein Vergehen: Er hat nach der Flucht weiter publiziert, und seine Artikel gegen die neuen Herren in Deutschland werden im europäischen Ausland mit Interesse gelesen.

Lessings Vater ist Arzt, die Mutter Tochter eines Bankiers. Zwanzigjährig tritt er 1892 mit der Aufnahme eines Medizinstudiums in die Fußstapfen des Vaters. Seinen Neigungen jedoch kommt das spätere Studium der Literatur, Philosophie und Psychologie entgegen. Schon jetzt erregt er den Unwillen der Konservativen. Eine Habilitation an der Universität Dresden wird dem Juden und Sozialisten verwehrt.

In den nächsten Jahren arbeitet Lessing als Aushilfslehrer und Vortragsredner, bis er eine Anstellung als Privatdozent für Philosophie an der Technischen Hochschule Hannover findet. Wegen seiner journalistischen Arbeiten, mit denen er für die Demokratie eintritt, zieht er sich den Haß der Rechten zu. Kollegen unter den Professoren solidarisieren sich mit den Lessing-Gegnern, im Juni 1926 drohen 1000 Studenten mit der Abwanderung nach Braunschweig.

Nach der »Machtübernahme« gewährt die Tschechoslowakei Lessing und seiner Frau politisches Asyl. Die beiden ziehen nach Marienbad, wo Lessing seine langjährige Arbeit für das Prager Tagblatt *fortsetzt. Außerdem hält er Vorträge zur Lage der Juden in Deutschland.*

Die NSDAP setzt ihm weiter zu. Sie verspricht eine Belohnung von 80 000 RM für die Entführung Lessings und läßt in deutschsprachigen tschechoslowakischen Zeitungen eine Hetzkampagne drucken.

Der Aufruf hat Erfolg. Zwei Attentäter verletzen Lessing schwer. Er stirbt noch am selben Tag im Marienbader Krankenhaus.

Worms: Der NSDAP-Ortsgruppenleiter in seinem Büro. Die größte organisatorische Einheit der NSDAP unterhalb der Gaue ist der Kreis. Die Kreise gliedern sich in Ortsgruppen, diese in Zellen und die Zellen in Blocks. Eine Zelle umfaßt vier bis acht Blocks, ein Block etwa 40 bis 60 Haushalte. Ziel der straffen und lokalen Untergliederung der Partei ist eine möglichst vollständige Erfassung und Kontrolle der Bevölkerung.

gen« in Zukunft durch Akklamation und Plebiszite seine Politik bestätigen lassen will.

Die »völlige Umkehrung der innenpolitischen Verhältnisse in Deutschland«, die Hitler Anfang Februar vor den Führern der Reichswehr angekündigt hatte und die mit den Gleichschaltungsmaßnahmen beginnt, betrifft sämtliche Bereiche des gesellschaftlichen Lebens. Gleichgeschaltet werden nicht nur die Gewerkschaften, sondern auch die Mittelstandsverbände, die landwirtschaftlichen Verbände, die Institutionen, Universitäten und Organisationen, die Vereine bis zum Radsportverein und in gewissem Umfang sogar Wirtschaft und Industrie. Gleichgeschaltet werden vor allem auch die Kultur und die Medien.

Die Ernennung von Joseph Goebbels zum Reichspropagandaminister zeigt deutlich, welche Bedeutung das Regime der Absicht beigemessen hat, in Zukunft auch die Köpfe zu beherrschen. In einigen Intellektuellen haben die Nazis dabei, obwohl manchmal nur für eine gewisse Zeit, tatkräftige Mitstreiter gefunden. Der Dichter Gottfried Benn beispielsweise begrüßt den Machtwechsel vom Januar 1933 als »geschichtlich logischen Sieg der nationalen Idee« und als eine »neue Vision von der Geburt des Menschen«. Auch der Freiburger Philosoph Martin Heidegger macht sich

Gedanken über die »innere Wahrheit und Größe des Nationalsozialismus« und behauptet bei seiner Rektoratsrede im Frühjahr 1933, Hitler sei von der Vorsehung auserwählt und von allen Wesenskräften der deutschen Seele in seiner Mission bestätigt worden. Der Jurist und Rechtsphilosoph Carl Schmitt sieht in Hitlers Machtergreifung gar eine »Überlegenheit des Existentiellen über das bloß Normative« am Werk.

Am 10. Mai 1933 fällt eine ganze Traditionslinie deutscher Kultur diesem »Existentiellen« zum Opfer. Alfred Rosenbergs Kampfbund für deutsche Kultur hatte schon seit der »Machtergreifung« damit begonnen, Akademien, Museen, Universitäten und Bibliotheken zu »säubern«. Heinrich und Thomas Mann, Alfred Döblin, Ricarda Huch, Franz Werfel, Georg Kaiser, Bernhard Kellermann, Jakob Wassermann und andere waren aus der Preußischen Akademie der Künste ausgetreten beziehungsweise ausgeschlossen worden. Seit April zirkulieren schwarze Listen. Doch die Bücherverbrennung am 10. Mai ist durch ihre Mischung von mittelalterlicher Inquisitionsatmosphäre und moderner Werbeinszenierung die öffentlich wirksamste Aktion.

Auf dem Berliner Opernplatz und in vielen anderen deutschen Universitätsstädten wird am Abend dieses Tags »undeutsches Schrifttum« ins Feuer geworfen, darunter Bücher von Karl Marx, Heinrich Heine, Sigmund Freud, Thomas Mann, Heinrich Mann, Erich Maria Remarque, Bertolt Brecht, Erich Kästner, Kurt Tucholsky, Carl von Ossietzky und Alfred Kerr. Alle diese »Schmutz- und Schundbücher«, so Goebbels, werden mit dem magischen Spruch »ich übergebe der Flamme…« wie bei einer rituellen Hexenverbrennung ins Feuer geworfen. Auch das Denken soll gleichgeschaltet werden.

Bücher, vornehmlich solche, die zum »Schund« der Aufklärung gehören und die deshalb auf der schwarzen Liste stehen, sind nicht mehr erhältlich und aus den Bibliotheken verbannt. Für die Presse setzt das Propagandaministerium in Zukunft gültige Sprachregelungen durch, von denen auch Medien betroffen sind, die sich nicht im direkten Besitz der Partei befinden. Sie müssen auf die Gefahr wirtschaftlichen Drucks oder Verbots in allen Nachrichten- und Kommentarteilen übernommen werden. Im August macht sich Goebbels während der Berliner Funkausstellung Gedanken über die propagandistische Verwendbarkeit des Radios und des Fernsehens, dem er eine »große Zukunft« prophezeit, nachdem er sich eine Modellvorführung angesehen hatte. »Der totale Staat läßt nicht mehr lange auf sich warten«, frohlockt er in diesen Tagen.

Am 30. Juni 1934 holt Hitler zu dem entscheidenden Schlag aus, der ihm in Zukunft die Rahmenbedingungen sichern soll, den innenpolitischen Gleichschaltungskurs mit seinen Kriegsvorbereitungsplänen zu verbin-

den. Dazu benötigt er einen »historischen Kompromiß« seiner totalitären Bewegung mit der Reichswehr, die zunehmend von den Aspirationen der SA unter ihrem Stabschef Ernst Röhm beunruhigt ist. »Ich bin der Scharnhorst der neuen Armee«, verkündet Röhm, der aus seiner SA gern ein revolutionäres Massenheer machen möchte, für das die Reichswehr auf die Funktion einer großen militärischen Ausbildungseinheit zurechtgestutzt werden sollte. Nicht nur die Reichswehr, sondern auch Hitler ist von solchen Ideen zutiefst beunruhigt. Für seine weitreichenden Expansionspläne benötigt er erfahrene und professionelle Militärs und keine nationalrevolutionären Milizen, die zudem immer häufiger von Hitler eine »zweite Revolution« zur Stärkung der Macht der SA fordern.

Festwagen des Buchdruckgewerbes im Umzug zur 900-Jahr-Feier der Stadt Zwickau, 1935. Nach 1933 entsteht mit der Franz Eher Nachfolger GmbH, dem zentralen Parteiverlag der NSDAP, ein neuer Pressekonzern in Deutschland. Im Laufe der dreißiger Jahre kauft der Verlag einige Unternehmensteile des Hugenberg-Konzerns und kleinere bürgerliche Verlage auf, die in der Herold-Verlagsanstalt GmbH zusammengefaßt werden.

Als Hitler im Frühjahr 1934 den Entschluß faßt, Röhm auszuschalten, wird er dabei nicht nur von der Reichswehr unterstützt. Sie hat ihm schon rechtzeitig ihr Entgegenkommen signalisiert, indem Reichswehrminister Blomberg den »Arierparagraphen« umgehend für das Offizierskorps über-

Bernd Rosemeyer: Der schnellste Fahrer der Welt

Die Deutschen begeistern sich für den Fußball, das Boxen – und den Rennsport. Zum größten Idol der Zeit wird der 1909 in Lingen (Ems) geborene Bernd Rosemeyer, der seine kurze und überaus erfolgreiche Karriere auf Motorrädern von NSU und DKW beginnt. 1935 steigt er auf den Grand-Prix-Wagen der Auto-Union um und feiert schon ein halbes Jahr später auf dem Masaryk-Ring bei Brünn seinen ersten Sieg. Während seiner zweiten Rennsaison erfüllt sich ihm auch ein privater Traum. Am 13. Juli 1936 heiratet er die berühmte Fliegerin Elly Beinhorn.

Selten ist ein Rennfahrer so schnell an die Spitze gefahren. Ende 1936 ist Rosemeyer sowohl Europameister als auch deutscher Straßen- und Bergmeister. Die nächste Saison verläuft nicht weniger erfolgreich. Er gewinnt das Eifelrennen am Nürburgring und stellt mit einer Geschwindigkeit von 397 km/h seinen ersten Weltrekord auf.

Zur letzten Fahrt tritt Rosemeyer zehn Wochen nach der Geburt seines Sohnes Bernd an. Der 28. Januar 1938 ist unfreundlich kalt, als kurz nach 8 Uhr Rudolf Caracciola den bestehenden Geschwindigkeitsrekord mit 432,7 km/h überbietet. Rosemeyer nimmt die Herausforderung an. Gegen Mittag fährt er die Strecke auf der Autobahn Frankfurt-Darmstadt ab, startet zu einer Aufwärmrunde und erreicht bereits auf der Rückfahrt 429,9 km/h. Dann startet er zu seiner tödlichen Rekordfahrt, auf der ihn bei Tempo 440 km/h nahe Mörfelden ein Seitenwind erfaßt. Der Wagen überschlägt sich. Sekunden später liegt der äußerlich unverletzte Rennfahrer mit gebrochenem Genick neben den Trümmern seines Boliden.

nahm und das Hakenkreuz zum offiziellen Wehrmachtsemblem erhob. General Reichenaus Abwehramt arbeitet nun an einem Dossier über Röhm in enger Kooperation mit dem parteiinternen Sicherheitsdienst SD, während Blomberg die Münchner Kaserne des Regiments List in »Adolf-Hitler-Kaserne« umbenennen läßt.

Die entscheidende Rolle bei der Jagd auf die SA-Führer um Röhm hat jedoch Heinrich Himmler gespielt, der darin eine einzigartige Chance witterte, sich und seine SS gegen Röhm und die SA zu profilieren. Auch Franz von Papen zündelt an der SA-Krise, in der aberwitzigen Hoffnung, dadurch doch noch mittels der Ausrufung des militärischen Notstands durch Hindenburg die Militärdiktatur zu errichten, woran er ein Jahr zuvor durch Hitler und Schleicher gehindert worden war.

Doch die Reichswehr denkt nicht im Traum an einen Papen-Putsch. Vielmehr weist ihr Führungskorps Ende Juni die zuständigen Stellen an,

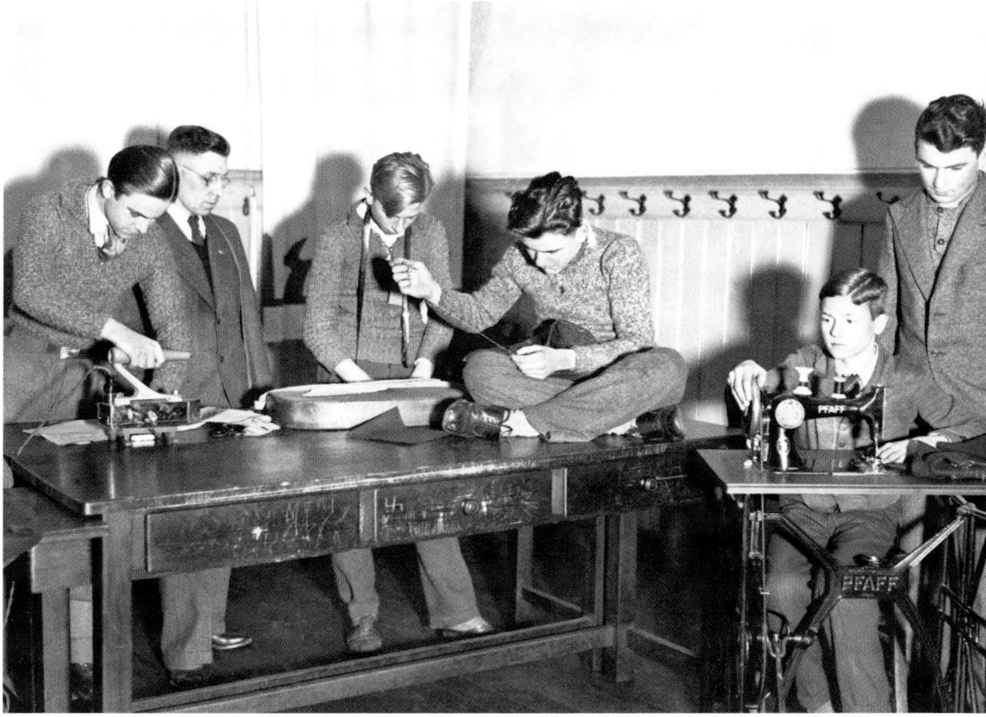

Ausbildung von Schneiderlehrlingen in Worms, Mitte der dreißiger Jahre. Ihnen steht nach Abschluß der Lehre ein sechsmonatiger Reichsarbeitsdienst und in der Regel daran anschließend ein ab August 1936 zweijähriger Wehrdienst bevor. Einberufen wird im Herbst 1935 zunächst der Jahrgang 1914. Wer 1936 seine Lehre abschließt, wird die Uniform bis 1945 nicht wieder ausziehen – sollte er den Krieg überleben und nicht noch Jahre in Kriegsgefangenschaft verbringen.

der SS Waffen und Fahrzeuge auszuhändigen, und schließt Ernst Röhm demonstrativ aus dem Deutschen Offiziersbund aus. Hitler persönlich leitet die »Nacht der langen Messer« am 30. Juni. Wie in alten »Kampftagen« stürmt der Kanzler des Deutschen Reichs in Gangstermanier frühmorgens in Bad Wiessee das Schlafzimmer seines einzigen Duzfreundes Röhm mit den Worten: »Röhm, du bist verhaftet!« Weder gehört Hitler der Polizei an, noch gibt es für diesen Überfall auch nur den Anschein einer Rechtsgrundlage. Es ist wie in einem Bandenkrieg zwischen zwei rivalisierenden Paten. Der Stabschef der SA wird am nächsten Tag in Stadelheim ohne irgendein Verfahren standrechtlich erschossen. Über neunzig Tote fordert die Mordaktion, davon 50 SA-Angehörige. Der Rest sind alte Gegner, mit denen die Nazis bei dieser Gelegenheit gleich mit aufräumen, unter ihnen Kurt von Schleicher, der ehemalige NSDAP-Organisationsleiter Gregor Strasser und Franz von Papens rechte Hand Edgar Jung.

Die Morde vom Juni 1934 stifteten eine Art Komplizenschaft zwischen Hitler und der Reichswehr. Als Blomberg am 1. Juli seinen Tagesbefehl ausgibt, lobt er darin den »Führer« für den »soldatischen Entschluß und beispielhaften Mut«, mit dem er gegen die »Meuterer und Verräter« vorgegangen sei, worunter Blomberg offensichtlich auch Reichswehrgeneräle wie Schleicher oder konservative Parteigänger Papens wie Edgar Jung zählt. Daß Blomberg nichts mehr dabei findet, die Armee nach dem Tod Hindenburgs und der Ernennung Hitlers zum »Führer und Reichskanzler« zwei Monate später einen neuen Treueeid auf Adolf Hitler, den »Oberbefehlshaber der Wehrmacht«, schwören zu lassen, ist unter anderem eine Konsequenz der frühen Komplizenschaft bei diesen Kapitalverbrechen.

Hitler hat die Weimarer Verfassung außer Kraft gesetzt, aber er hat dem »Dritten Reich« nie eine neue Verfassung gegeben. Das Reich Hitlers war von Anfang an verfassungslos und sollte es bis zu seinem Ende bleiben. Seit er mit dem Tod Hindenburgs auch das Amt des Reichspräsidenten abgeschafft und sich selbst zum »Führer und Reichskanzler« ernannt hatte, liegt alle Macht in den Händen der von ihm geführten Reichsregierung. Sie ist Exekutive, Legislative und Konstituante zugleich, wie der Historiker Eberhard Jäckel bemerkt. Es gibt seit den Bestimmungen über die Reichsstatthalter keinen Reichsrat mehr. Zwar wird der Reichstag gelegentlich noch zu Akklamationszwecken einberufen, doch in ihm gibt es nur noch eine einzige Partei. Kabinettssitzungen werden immer seltener.

Die letzte Kabinettssitzung, in der Gesetze beraten werden, findet am 9. Dezember 1937 statt, die letzte Ministerbesprechung am 5. Februar 1938. »Damit war der Staat auch regierungslos. Es wurde nicht einmal ein Ersatz geschaffen, wie er in den meisten anderen Diktaturen des Jahrhunderts bestand«, so Jäckel. »Es ist das eigentliche und wohl einzigartige Merkmal des Hitlerschen Führerstaats, daß es in ihm keine Beschlußorgane gab und keine Beratungen in dafür vorgesehenen Gremien.« Nicht einmal so etwas wie der »Große Faschistische Rat« in Mussolinis Italien bildet ein Gegengewicht zur Macht des »Führers«, der sich mit einem Erlaß vom 17. August 1938 sogar eine persönliche Armee geschaffen hat. »Die SS-Verfügungstruppe ist weder ein Teil der Wehrmacht noch der Polizei«, heißt es da. »Sie ist eine stehende bewaffnete Truppe zu meiner ausschließlichen Verfügung.«

Als Heinrich Himmler am 6. Januar 1929 zum Reichsführer der Schutzstaffel berufen wurde, war die SS eine kleine Truppe von 280 Mann. Sie war der SA unterstellt und hatte seit ihrer Gründung 1925 den persönlichen Schutz Adolf Hitlers übernommen. Diese Nähe zum »Führer« wird sie nie verlieren. Sie ist die Bedingung ihres beispiellosen Aufstiegs, besonders nachdem sie durch die Rolle, die sie bei der Ermordung Ernst

Hermann Göring landet auf Sylt, 1934. In den dreißiger Jahren ist die Insel unter prominenten Nationalsozialisten beliebt. Göring besitzt ein eigenes Haus in Wenningstedt. 1934 wird er per Gesetz zu Hitlers Nachfolger im Falle von dessen Tod bestimmt.

Röhms und eines Teils der SA-Führung 1934 spielte, noch einmal ihre bedingungslose Treue zu Hitler demonstriert hatte. Die SS wird die nationalsozialistische Weltanschauungsorganisation schlechthin und das verläßlichste Instrument der Führergewalt werden.

Zielstrebig hatte Himmler die SS seit 1929 zu einer ordensähnlichen Eliteformation ausgebaut, die Ende 1932 über rund 52 000, ein Jahr später bereits über mehr als 200 000 Angehörige verfügte. Sie alle sollten nach dem Willen von Himmler »gutes Blut« haben und einen »Rassekern« verkörpern, wie er dem Weltbild des »Führers« entsprach. »Das Volk im heutigen politischen Sinn«, meinte Hitler Anfang der dreißiger Jahre zu seinem Wirtschaftsexperten Otto Wagener, sei »keine rassische Einheit, keine reinrassische Gemeinschaft mehr«. Zu sehr seien durch Völkerwanderung, Kriege und Handelsbeziehungen auch in Deutschland »Rassekreuzungen« entstanden, gegen die sich die verbleibenden »Rassekerne« nur schwer behaupten könnten.

Diese aber, so Hitlers und Himmlers verstiegene Idee, gelte es im Volk aufzusuchen, um daraus eine rassische Avantgarde zu schmieden, »sol-

Heinrich Himmler: Lehrjahre eines Massenmörders

Heinrich Himmler um 1928 in seinem ersten Automobil, einem Dixi. Nach dem Studium der Landwirtschaft in München von 1918 bis 1922 ist er zu dieser Zeit als Geflügelzüchter tätig. Im nächsten Jahr, am 6. Januar 1929, wird Himmler zum Reichsführer der noch kleinen Schutzstaffel (SS) ernannt.

Am 8. Oktober 1900 zeigt Gebhard Himmler, Lehrer am Wilhelmsgymnasium in München, die Geburt seines zweiten Sohnes an: »Ich gestatte mir die untertänigste Mitteilung, daß Herr Stadtpfarrer die Taufe unseres kleinen Heinrich vornehmen wird.« Weil der Zweijährige 1903 an Tuberkulose erkrankt, hält sich Anna Maria Himmler mit ihren Söhnen sechs Monate in dem Dorf Wolfegg bei Lindau auf. Drei Jahre später wird der kleine Heinrich in der Münchner Domschule eingeschrieben. Während des ersten Schuljahres ist er wiederholt krank und muß den Unterrichtsstoff mit Hilfe eines Privatlehrers nacharbeiten. Seine Lehrer bezeichnen Himmler als ein »sanftes Lamm«. Er ist ein Schüler, der durch Fleiß, Tatkraft und Gewissenhaftigkeit besticht.

Der Vater unterstützt den Wunsch des Sohnes nach einer Offizierslaufbahn. Die Ausbildung kann er jedoch als Brillenträger nicht abschließen, und als ihm der Beitritt zur Reichswehr verwehrt wird, beginnt er in München ein Landwirtschaftsstudium. Er tritt in die schlagende Studentenverbindung »Apollo« ein, läßt sich jedoch wegen seines empfindlichen Magens vom Zwang zum Biertrinken befreien.

Sein Vater hat ihn schon früh zum Tagebuchschreiben angehalten. Am 23. November 1921 notiert Heinrich: »Heute habe ich mir aus der Zeitung einen Artikel über Auswanderung ... herausgeschnitten. In zwei Jahren bin ich nicht mehr in Deutschland, so Gott will, außer es ist wieder Kampf, Krieg und ich bin Soldat.«

So weit ist es 1923 noch nicht. Aber da hat Heinrich Himmler schon Hitler kennengelernt. Beim Putsch im November 1923 ist er als Fahnenträger an der Besetzung des bayerischen Kriegsministeriums beteiligt. Die Karriere eines künftigen Massenmörders kommt langsam in Fahrt.

datisch und unbedingt gegenrevolutionär« sowie zur bedingungslosen persönlichen Verfügung des »Führers«. Strenge »rassebiologische« und weltanschauliche Auswahlkriterien bestimmen die Zugehörigkeit zur SS. Als Verkörperung nationalsozialistischer Herrenmenschenideologie und als »Bewahrer der Blutsreinheit« sollte der »Schwarze Orden« nach den Vorstellungen Himmlers die Keimzelle einer nordischen Rassendominanz in Europa bilden.

Der eher schmächtige ehemalige Hühnerzüchter Heinrich Himmler hatte allerdings etwas operettenhafte Vorstellungen davon, wie der Idealtypus des »nordischen« Menschen aussehen sollte. Vor allem, meinte er, müsse er groß sein, denn er war davon überzeugt, »daß Menschen, deren Größe über einer bestimmten Zentimeterzahl liegt, das erwünschte Blut irgendwie haben müssen«. Natürlich durfte er auch keine jüdischen Vorfahren besitzen und mußte im nationalsozialistischen Sinn »weltanschaulich« gefestigt sein.

Mit dem Aufbau des Sicherheitsdiensts (SD) unter Reinhard Heydrich als SS-Unterabteilung zur Überwachung gegnerischer Organisationen und innerparteilicher Opposition fiel der SS innerhalb der NSDAP ab 1931 auch die Rolle einer »Parteipolizei« zu, die 1934 mit der Ausschaltung Ernst Röhms ihre erste große Bewährungsprobe bestanden hatte. Seitdem ist Himmlers SS nicht mehr dem Stabschef der SA unterstellt und erlebt einen kometenhaften Aufstieg, der sich unter anderem darin zeigt, daß Himmler bei Großveranstaltungen der NSDAP wie dem Nürnberger Parteitag hinfort immer direkt hinter Hitler zu sehen ist.

Als Hitler 1936 Heinrich Himmler zum Chef der Deutschen Polizei ernennt, ist damit ein weiterer entscheidender Schritt zur Gleichschaltung und restlosen Aushöhlung des Rechtsstaats getan. Nicht nur ist durch diesen »Führererlaß« vom 17. Juni 1936 die Polizei endgültig den Ländern aus der Hand genommen und einem strikten Zentralbefehl unterstellt worden. Noch schwerwiegendere Folgen hat die Tatsache, daß sie damit regelrecht aus dem Staatsapparat herausgelöst und von einer dem »Führer« persönlich unterstellten Parteiorganisation, der SS, vereinnahmt worden ist. Die Polizei, einmal eine Kerninstitution des Rechtssystems, ist damit gewissermaßen von den Nazis privatisiert worden und kann nun potentiell jederzeit außerhalb des rechtlichen Normensystems tätig werden. Sie ist zu einer »führerunmittelbaren, außernormativen Sonderexekutive« degeneriert, wie Hans-Ulrich Thamer den Sachverhalt treffend beschreibt. Jetzt gibt es eine »nationalsozialistische« Polizei, die »den Willen der Staatsführung zu vollziehen und die von ihr gewollte Ordnung zu schaffen und aufrechtzuerhalten« habe, wie Himmler 1937 verkündet. »Ihre Befugnisse dürfen deshalb nicht durch formale Schranken gehemmt werden.«

Was das bedeutet, hatte Himmler spätestens deutlich gemacht, als ihm als Chef der Politischen Polizei Bayerns 1933 das neu errichtete Konzentrationslager Dachau unterstellt wurde. Himmler hatte Theodor Eicke zum Lagerführer ernannt, einen ehemaligen SS-Führer aus der Pfalz, der 1932 ins faschistische Italien geflohen war, um einer Zuchthausstrafe wegen der Vorbereitung eines Bombenattentats zu entkommen. Eicke wird nach seiner straffreien Rückkehr 1933 in Dachau zum Erfinder des methodischen SS-Terrors gegenüber KZ-Häftlingen. »Toleranz bedeutet Schwäche«, ist Eickes Losung, doch noch wirkungsvoller ist die Art und Weise, wie er seine KZ-Wächter zu einer emotionslosen und disziplinierten Härte verpflichtet.

Eicke war bemüht, ein Höchstmaß an Brutalität zu erzeugen und gleichzeitig den Anschein zu erwecken, daß sie einem strengen Regelsystem gehorchte. Dachau wird, neben dem Columbia-Haus in Berlin, zu einer Schule des SS-Terrors, aus der fast alle künftigen Lagerleiter des nationalsozialistischen KZ-Systems hervorgehen werden. Die Palette der Strafmaßnahmen reicht vom Strafexerzieren über Kostentzug bis zum Pfahlbinden und der neu eingeführten Prügelstrafe, die vor der angetretenen Häftlingsmannschaft exekutiert wird. Aufwiegler werden »kraft revolutionären Rechts« gehängt, Meuterer »auf der Stelle« erschossen. Die SS ist ihr eigener Gesetzgeber und Richter.

1934, nach dem »Röhm-Putsch«, übernimmt Himmlers SS die Alleinzuständigkeit für alle Konzentrationslager im Deutschen Reich, die bis dahin noch vielfach unter Kontrolle der SA gestanden hatten. Die Bewachung sämtlicher Lager obliegt den neu gegründeten »SS-Totenkopfverbänden« unter dem jetzt zum »Inspekteur der Konzentrationslager und Führer der SS-Wachverbände« ernannten Theodor Eicke. Alle neu errichteten Konzentrationslager wie Ravensbrück, Sachsenhausen, Buchenwald sowie Flossenbürg und Mauthausen sind in Zukunft nach Plänen dieser »Totenkopfverbände« mit einem Grundriß gebaut, der den SS-Wachmannschaften von ihren Lagertürmen aus nicht nur Einsicht in das gesamte Gelände verschafft, sondern auch jeden Punkt des Lagers mit dem Maschinengewehr erreichbar macht. Die Lagergewalt der SS ist von Anfang an total.

Ab Herbst 1934 verfügt die SS zudem mit der militärischen »Verfügungstruppe«, die Hitler 1938 auch gesetzlich seiner persönlichen Verfügung unterstellt, über einen kasernierten Kampfverband, der zusammen mit den »Totenkopfverbänden« den Kern der späteren Waffen-SS bilden wird, der politischen Weltanschauungsarmee des Nationalsozialismus. Eine weitere Säule des sich herausbildenden SS-Imperiums ist der Sicherheitsdienst (SD), der seit Juli 1932 unter der Leitung des ehemaligen Marineoffiziers Reinhard Heydrich steht und im Sommer 1934 zum einzigen parteiinternen Nachrichten- und Spionagedienst der NSDAP erklärt wird.

Der SD ist für die Ermittlung von Gegnern des NS-Regimes zuständig und entwickelt sich dabei mit der Zeit zu einem regelrechten nationalsozialistischen *Braintrust*. Rund 30 000 »Vertrauensleute« informieren das Amt des schnell »Oberverdachtsschöpfer« genannten SS-Gruppenführers Heydrich über alle Bereiche des öffentlichen Lebens und liefern Berichte über die Wirkungen der von der NS-Führung verfügten Maßnahmen und Gesetze. Zudem ist der SD für Beurteilungen über die politische Zuverlässigkeit von Parteifunktionären und Offizieren zuständig.

Die Ernennung Himmlers zum Chef der deutschen Polizei 1936 ist auch mit der Erweiterung der Machtbefugnisse seines engsten Mitarbeiters Reinhard Heydrich verbunden. Er wird zum Chef der deutschen Sicherheitspolizei berufen, ein Amt, in dem sich die Parteifunktion des SD-Chefs mit der des Leiters der Gestapo und der Kriminalpolizei untrennbar vermischen.

Im Unterschied zur Ordnungspolizei, geführt von SS-Gruppenführer Kurt Daluege, ist die Sicherheitspolizei für das weitgefaßte Gebiet von der Kriminalitätsbekämpfung bis zur inneren Sicherheit zuständig, zwei Bereiche, die bald einer nationalsozialistischen Neudefinition unterworfen sind. Hat es die klassische Polizeiarbeit mit Tatsachenermittlung zu tun, so treten seit dem Beginn des Nazistaats zunehmend Verdächtigungen, weltanschaulich begründete Unterstellungen sowie »erbbiologische« und »rassische« Faktoren in den Vordergrund.

Die KZs und Zuchthäuser sind voll mit Leuten, denen man auf Grund ihrer politischen Ansichten potentielle staatsfeindliche Handlungen unterstellt; »Gewohnheitsverbrechern« und »Asozialen« wird eine erbbiologische Veranlagung zur Kriminalität nachgesagt, die als Begründung für kriminalpolizeiliche Maßnahmen herhalten muß. Alles das ist einer rechtsstaatlichen Nachprüfung durch Gerichte entzogen, genauso wie die willkürliche Verhaftung von Juden, die im Spätherbst 1938, nach den Pogromen der »Reichskristallnacht«, einen ersten Höhepunkt erreicht.

Die Zerschlagung des Rechtsstaats durch die Machtergreifung der SS im Polizeiapparat ist vollkommen. An seine Stelle ist der nationalsozialistische Staat getreten, in dem nach der Ansicht Heinrich Himmlers kein anderes Recht mehr gelten soll als das »Lebensrecht des deutschen Volkes«, wie es durch den persönlichen Willen des »Führers« definiert wird.

Alltagsleben im »Dritten Reich«

Der Alltag vieler Deutscher ist in den letzten Jahren der Weimarer Republik von der Angst vor der Arbeitslosigkeit geprägt. Bis 1929 ist jeder sechste Arbeiter und Angestellte wenigstens einmal arbeitslos gewesen. Ein Jahr später, nachdem die Weltwirtschaftskrise Tausende von Unternehmen in den Konkurs treibt, hat jeder Vierte zumindest einmal die Arbeit verloren. Die Erfahrung einer Arbeiterin in einer Friedrichsfelder Schuhfabrik steht exemplarisch für das Schicksal Hunderttausender: Zwischen 1925 und 1934 wird sie achtmal wegen Mangel an Arbeit entlassen.

Im Februar 1932 sind mehr als sechs Millionen Menschen bei den Arbeitsämtern gemeldet. Weitere zwei Millionen haben die Suche resigniert aufgegeben. Jeder fünfte Beschäftigte im Reich muß periodisch kurzarbeiten. Alles in allem sind Ende 1932 nur ein Drittel aller Arbeiter vollbeschäftigt.

Wer zum »Arbeitslosenversicherungsunterstützungsempfänger« wird, – wie es damals von Amts wegen heißt –, hat für 26 Wochen Anrecht auf Hilfe. Danach wird er an die Krisenfürsorge, am Ende an die Wohlfahrt weitergereicht. Aber die Unterstützung kann den Lebensunterhalt nicht decken. Ein Ehepaar mit drei Kindern und zumindest »einer festen Arbeit« lebt 1931 von etwa 100 Mark im Monat. Ein Arbeitsloser muß sich mit etwa 47 Mark bescheiden. Nach der Reichsstatistik liegen aber allein die monatlichen Kosten einer fünfköpfigen Familie für Ernährung bei 90 Mark – wenn sie auf »Luxusgüter« wie Butter, Bohnenkaffee, Fleisch am Wochenende, Käse, Eier und Vollmilch verzichtet, bei knapp 50 Mark.

Das Elend ist allgegenwärtig. Berichte wie der folgende stehen täglich im Vorwärts, *der* Roten Fahne, *dem* Berliner Tageblatt, *den Blättern der Ullstein-Brüder: »Im Haus Bergstraße 8, Quergebäude, zwei Treppen, hat die 35jährige Wohlfahrtsempfängerin Klara Engwicht ihre drei Kinder im Alter von zwei, fünf und sechs Jahren getötet und sich dann selbst erhängt. ...Die Frau befand sich im höchsten Stadium einer neuen Schwangerschaft... Seit Monaten lebt die Familie von Margarinestullen und Milchkartoffeln mit Backobst. Hinzu kommt, die Frau war seit drei Monaten die Miete schuldig und sollte exmittiert werden.«*

Als Hitler Reichskanzler wird, gewinnt die durch die weltweite Krise schwer getroffene deutsche Wirtschaft gerade wieder etwas an Dynamik. Der Aufschwung wird beflügelt durch Hitlers auf Kredit finanziertes Investitionsprogramm. Schon Ende 1933 haben seine Maßnahmen die Zahl der Arbeitslosen um eine Million reduziert. 1934 sinkt sie auf 2,7 Millionen, 1935 auf 2,1 Millionen, 1938 liegt sie bei nur noch 429 000. Der Wirtschafts-

Auf Nordlandfahrt an Bord eines Dampfers des Norddeutschen Lloyd. Anders als auf den zwölf einklassigen KdF-Schiffen, die zwischen 1934 und 1939 auf insgesamt 673 Seereisen über 700 000 Arbeitern, Angestellten und deren Ehepartnern einen Urlaub auf See bieten, gibt es hier noch drei Klassen.

historiker Jürgen Kuczynski beschreibt die fatale Wirkung dieser Entwicklung: »Die ganze Atmosphäre, das ganze Milieu änderte sich für den Arbeiter mit dem allmählichen Verschwinden der Arbeitslosigkeit. ... Wie versprochen gaben die Faschisten Millionen Arbeit und Brot – und so glaubten viele Arbeiter auch ihre anderen Losungen und traten der Nazi-Partei bei.«

Die am 27. November 1933 gegründete NS-Gemeinschaft »Kraft durch Freude« (KdF) ist die populärste der vielen Organisationen im NS-Regime. KdF-Veranstaltungen sollen der Entspannung und der Regeneration zur Erhöhung der Arbeitsleistung dienen. Weitere Aufgaben sind die Verbesserung und Verschönerung der Arbeitsplätze mit Kantinen, Sportstätten oder Grünanlagen. Das Prunkstück von KdF aber ist ihr Reiseprogramm. 43 Millionen Reisen verkauft KdF bis 1939, überwiegend Tagesausflüge. Von den sieben Millionen Urlaubsreisen sind 690 000 Hochseefahrten nach Norwegen, Madeira oder Italien. Die Preise liegen zwischen einer und fünf Reichsmark für Kurzrei-

sen und 120 Reichsmark für eine Schiffsreise nach Madeira, die jedoch für einen Arbeiter mit einem Monatseinkommen von rund 150 Reichsmark nahezu unerschwinglich ist.

Das Bedürfnis der Menschen nach Unterhaltung und Entspannung befriedigt vor allem der Film. In der Saison 1934/35 zählt der Verband 250 Millionen Kinobesuche. Fünf Jahre später sind es bereits über eine Milliarde. Daneben prägt besonders der Rundfunk das alltägliche Freizeitverhalten. Durch den günstigen neuen »Volksempfänger« erhöht sich die Ausstattung der deutschen Haushalte mit Radiogeräten zwischen 1933 und 1941 von 25 auf 65 Prozent.

Der Trend zur Massenkultur und Massenunterhaltung setzt sich nach 1933 unvermindert fort. Millionen sehen und hören jede Woche die Fußballspiele in den Gauligen. Der Fußball mobilisiert Massen, vor allem im Ruhrgebiet. Populärste Mannschaft ist der FC Schalke 04, sechs seiner sieben Deutschen Meisterschaften fallen in die Zeit des NS-Regimes. Die Nationalsozialisten feierten die Erfolge von Schalke stets propagandistisch als »Sieg der Arbeiterklasse«.

Rechts: Aufbruch zum Skilaufen auf einem Tiroler Gletscher, 1938.

Rechte Seite, links: Postbote in Grimma, um 1935.

Rechte Seite, rechts: Kriegsversehrter Leierkastenmann 1935 in Grimma.

Auf dem Land unterscheidet sich der Arbeitsalltag der Menschen kaum von dem ihrer Elterngeneration. Das von der NS-Kunst romantisch verklärte Landleben spiegelte nicht annähernd die täglichen Arbeitsbelastungen in der Landwirtschaft wider, in der die Mechanisierung nur langsam Einzug hält. Zahlreiche Anzeigenkampagnen fordern die Verbraucher auf, einheimische Produkte zu kaufen und Fisch statt Fleisch zu essen. Tatsächlich steigt der Pro-Kopf-Verbrauch von Fisch in Deutschland zwischen 1932 und 1938 von 8,5 auf rund 12 kg. Der Fleischverbrauch nimmt in demselben Zeitraum ebenfalls zu, allerdings nur um 5,4 kg auf 47,5 kg.

Vielen Menschen entgeht, wie sehr die meisten Maßnahmen der Nationalsozialisten militärischen Zwecken dienen. Dabei sprechen die Zahlen eine deutliche Sprache: Zwischen 1933 und 1936 verfünffacht sich die Zahl der Soldaten auf 550 000. Mitte 1939 hat das Heer schon 2,75 Millionen Soldaten. Am 1. September beginnt der Krieg.

DIE NATIONALSOZIALISTISCHE GESELLSCHAFT

Deutsche und Nazis

»Im Spätsommer 1934 führte mich mein Beruf für mehrere Jahre ins Dritte Reich«, erinnert sich nach dem Krieg der amerikanische Journalist William L. Shirer: »Für einen Ausländer gab es da eine Menge zu beobachten, das ihn beeindruckte, verwunderte und nachdenklich über das neue Deutschland stimmte. Die überwiegende Mehrheit der Deutschen schien nichts dabei zu finden, daß man sie ihrer persönlichen Freiheit beraubt, einen so großen Teil ihrer Kultur vernichtet, an deren Stelle eine geistlose Barbarei gesetzt und ihr Leben und ihre Arbeit bis zu einem gewissen Grade reglementiert hatte, wie es selbst ein seit Generationen an eine Menge Reglementierungen gewöhntes Volk nie zuvor erlebt hatte.« Nie zuvor hatte man in Deutschland so viele Uniformierte auf den Straßen gesehen – SA bei Aufmärschen, Hitlerjugend und BDM-Mädchen beim Sammeln für das Winterhilfswerk, Trupps des 1935 gegründeten Reichsarbeitsdienstes mit militärisch geschulterten Spaten. Und überall Fahnen mit dem allgegenwärtigen Emblem: dem Hakenkreuz.

An die Stelle der zivilen, teils gemütlichen Begrüßungsformeln wie »Guten Tag«, »Grüß Gott« oder »Wie geht's« ist auf Ämtern und Institutionen der militärische Deutsche Gruß mit ausgestrecktem rechtem Arm und den Worten »Heil Hitler!« getreten, dem sich aus Sorge vor Unannehmlichkeiten und Repressalien nur die wenigsten verweigern. Die Nationalsozialisten haben seit ihrer »Machtergreifung« das Alltagsleben der Bevölkerung im Deutschen Reich durch Reglementierungen und neue Massenorganisationen nachhaltig verändert. Gesellschaftliche Nischen und eigenständige Milieus sind durch die Gleichschaltung fast sämtlicher Vereine und Verbände nahezu aufgelöst worden.

Bei vielen Deutschen jedoch, sofern sie nicht aus politischen oder rassistischen Gründen verfolgt und ausgegrenzt wurden, hat sich nach vergleichsweise kurzer Zeit eine gewisse Aufbruchstimmung bemerkbar gemacht. Die Weltwirtschaftskrise hatte bereits im Sommer 1932

Linke Seite: Ein Parteifunktionär sammelt an der Brunhildenbrücke in Worms im Winter 1936/37 für das Winterhilfswerk. Im September 1933 wird das »Winterhilfswerk des Deutschen Volkes« zunächst zur Entlastung der staatlichen Arbeitslosenfürsorge von der NSDAP ins Leben gerufen. Die erste Sammlung im Winter 1933/34 erbringt mehr als 350 Millionen Reichsmark.

Im städtischen Schlachthof in Aschaffenburg im Jahre 1935. Schon seit Ende des 19. Jahrhunderts wird aus Gründen der Veterinär- und Gesundheitsaufsicht in vielen Mittel- und Großstädten das Vieh nicht mehr in den Betrieben des Fleischerhandwerks geschlachtet und zerlegt, sondern in kommunalen Schlachthöfen, oft in der Nähe von Bahnanlagen.

ihre Talsohle erreicht, und obwohl der Winter 1932/33 noch einmal von einem konjunkturellen Einbruch begleitet war, standen alle Zeichen ohnehin auf einen bevorstehenden Aufschwung. Die Arbeitslosenzahlen fielen tatsächlich von sechs Millionen 1933 innerhalb von drei Jahren auf eine Million 1936. Drei Jahre später waren nur noch 34 000 Personen arbeitslos gemeldet.

Die NS-Führung war sich durchaus bewußt, daß die Konsolidierung ihrer Macht entscheidend von der Reduzierung der Arbeitslosigkeit und der wirtschaftlichen Stabilisierung Deutschlands abhing. Allein bis Ende 1934 sind fünf Milliarden Reichsmark in Arbeitsbeschaffungsprogramme geflossen, mehr als das Dreifache der gesamten industriellen Investitionen des gleichen Zeitraums. Vor allem dem Ausbau der öffentlichen Infrastruktur sind diese Investitionen zugute gekommen. Zwar hat der bereits in der Weimarer Republik nach dem Vorbild amerikanischer Highways geplante Autobahnbau nur unerheblich zur Entlastung des Arbeitsmarkts beigetragen – nur etwas mehr als 100 000 Arbeiter waren mit dem Bau der Autobahn beschäftigt –, doch Prestigeobjekte wie das flächendeckende »Reichsautobahnnetz«

Gurkenernte in Rheinhessen, 1937. Im Gegensatz zur Industrie sinken die Löhne der Landarbeiter und vieler Handwerksgesellen in den Jahren vor Ausbruch des Krieges. Um die Abwanderung der Landarbeiter und Handwerker in die besser zahlende Rüstungsindustrie zu stoppen, soll ab 1935 die freie Arbeitsplatzwahl untersagt werden. Das Gesetz wird aber zunächst nicht umgesetzt. In Deutschland verstärkt sich in den dreißiger Jahren das Ost-West-Gefälle. Ein Arbeiter verdient in Hamburg doppelt so viel wie in Ostpreußen, an der Ruhr 20 Prozent mehr als in Oberschlesien.

oder das 1934 eingeweihte größte Schiffshebewerk der Welt in Niederfinow bei Berlin haben für die Propaganda der nationalsozialistischen »Arbeitsschlacht« eine große Rolle gespielt.

Um den Arbeitsmarkt zusätzlich zu entlasten, werden »Ehestandsdarlehen« in Form von »Bedarfsdeckungsscheinen« für Möbel und Hausrat von bis zu 1000 Reichsmark eingeführt. Voraussetzung ist, daß die Ehefrau sechs Monate vor der Eheschließung berufstätig war und nach der Heirat aus dem Arbeitsleben ausscheidet. Ganz im Sinne der NS-Frauenpolitik sollte damit zugleich die »deutsche Familie« gefördert werden, in der sich die Frauen ganz auf die ihnen zugedachte Rolle als Mutter und »Erhalterin des Volkes« konzentrieren konnten. Tatsächlich hat die Zahl der jährlichen Eheschließungen in Deutschland zwischen 1932 und 1934 von rund 510000 auf über 732000 zugenommen. Auch die Einführung der allgemeinen Wehrpflicht und die Gründung des Reichsarbeitsdienstes 1935 haben den Arbeitsmarkt entlastet.

Verbrauch Nahrungs- und Genußmittel 1933 und 1938/39

Die Verbesserung der Lebensverhältnisse im deutschen Reich läßt sich am steigenden Verbrauch hochwertiger Nahrungsmittel ablesen.

Nahrungsmittel	1933	1938/39	Veränderung in Prozent
Bier	50,7 l	73,8 l	**45,6 %**
Kaffee	1,6 kg	2,3 kg	**43,8 %**
Fisch	7,2 kg	9,1 kg	**26,3 %**
Schweinefleisch	25,4 kg	27,3 kg	**7,4 %**
Geflügel	1,6 kg	1,5 kg	**6,6 %**
Eier	121 Stck	124 Stck	**2,4 %**
Kartoffeln	187,1 kg	188,7 kg	**0,5 %**
Milch	105 l	103 l	**-2,0 %**
Margarine	6,5 kg	5,5 kg	**-13,4 %**
Salat	2,9 kg	2,2 kg	**-24,2 %**
Gurken	4,0 kg	3,0 kg	**-25,0 %**
Kern- und Steinobst	31,4 kg	20,3 kg	**-35,4 %**

Quelle: Statistisches Jahrbuch Deutsches Reich

Doch Hitlers Sozialpolitik dient letztlich nur einem Zweck. Sie soll das Volk für einen kommenden Krieg stark machen. »Jede öffentlich geförderte Arbeitsbeschaffungsmaßnahme«, hatte er bereits im Februar 1933 dekretiert, müsse »unter dem Gesichtspunkt beurteilt werden, ob sie notwendig ist vom Gesichtspunkt der Wiederwehrhaftmachung des deutschen Volkes.« Es spricht vieles dafür, daß im Jahre 1935 ein sich selbst tragender wirtschaftlicher Aufschwung eingesetzt hat, der eine Fortsetzung der Schuldenpolitik überflüssig gemacht hätte. Doch mit der Einführung der allgemeinen Wehrpflicht 1935 setzt auch eine Phase der forcierten Aufrüstung ein, die nur durch eine weitere expansive Staatsverschuldung finanziert werden kann. Von 4 Prozent im Jahre 1933 steigt der Anteil der Rüstungsausgaben am Gesamtbudget auf 50 Prozent im Jahre 1938.

Im Mai 1935 ist der Reichswirtschaftsminister Hjalmar Schacht gleichzeitig zum Generalbevollmächtigten für die Wehrwirtschaft ernannt worden. »Die nachfolgenden Ausführungen gehen davon aus, daß die Durchführung des Rüstungsprogramms nach Tempo und Ausmaß *die* Aufgabe der deutschen Politik ist«, so Schacht vier Wochen nach seiner Ernennung, »daß demnach alles andere diesem Zweck untergeordnet ist.« Die Notenpresse, so Schacht, und zum Teil »Guthaben unserer politischen Gegner« sollen das Mammutprogramm finanzieren helfen.

Familientreffen bei Wein und Kaffee in der guten Stube in Essen, 1933. Ab 1936 steigt die Kaufkraft infolge höherer Löhne und der vielen Überstunden. Die Wochenlöhne in der Industrie steigen um 17 Prozent. Die höhere Kaufkraft führt zum Konsum höherwertiger Lebensmittel und kommt der Konsumgüterindustrie allgemein zugute.

Mit letzterem meinte er ausländische Sperrguthaben, vor allem aber auch beschlagnahmtes oder auf anderem Weg enteignetes jüdisches Vermögen. Eine andere Finanzierungsquelle waren Wechsel, die stets die Gefahr der Inflation mit sich brachten, und die zwangsweise Abschöpfung von Spar- und Versicherungsgeldern für langfristige Kredite, die dem Staat von Banken, Sparkassen und Versicherungsgesellschaften zur Verfügung gestellt wurden. Rückzahlbar war das alles nur durch einen künftigen kriegerischen Raubfeldzug.

Das macht Hitler in einer Denkschrift kurz nach den Olympischen Spielen in Berlin 1936 mit aller Deutlichkeit klar. Eine »endgültige Lösung« aller wirtschaftlichen Probleme, so der »Führer«, sei nur möglich durch eine »Erweiterung des Lebensraumes bzw. der Rohstoff- und Ernährungsbasis unseres Volkes. Es ist die Aufgabe der politischen Führung, diese Aufgabe dereinst zu lösen.« Um bis dahin das Rüstungsprogramm uneingeschränkt fortsetzen zu können, werden alle Register gezogen. »Die deutsche Armee muß in vier Jahren einsatzfähig sein«, so Hitler: »Die deutsche Wirtschaft muß in vier Jahren kriegsfähig sein.« Für Hitler ist das alles eine Frage des »Willens«.

Der Erfinder Paulus Heylandt (links) im Berliner Labor der Heylandt AG für Industriegasverwertung, 1935. An der Heylandt AG ist die Firma Linde maßgeblich beteiligt. Wenn auch kein direkter Rüstungslieferant, erlebt Linde wie viele deutsche Technologieunternehmen während des Nationalsozialismus ein stürmisches Wachstum. Die gesamte Produktpalette des Unternehmens von Gaszerlegern über Industriegase bis hin zu Motoren und fahrbaren Reparaturwerkstätten gilt als kriegswichtig. Paulus Heylandt wird 1945 in die Sowjetunion verschleppt, wo er 1947 stirbt.

»Deutsche Werkstoffe« sollen die Abhängigkeit vom Import so weit wie möglich verringern. Aus diesem Grund werden die Hermann-Göring-Werke in Salzgitter aus dem Boden gestampft, um, wenn auch wenig rentabel, aus den minderwertigen Erzvorkommen der Region »deutschen« Stahl herstellen zu können. Hitlerjungen schwärmen in ganzen Scharen aus, um Altmetalle und Altgummi zu sammeln. Reichsbauernführer Darré schlägt vor, jeder Bauer solle »ein paar Quadratmeter Flachs« anbauen und die Ernte dem »Führer« zum Geschenk machen, damit daraus Drillichstoff für die Soldaten gewebt werden könnte. Die Chemieindustrie wird zur Produktion von synthetischen Treibstoffen und synthetischem Rohstoff verpflichtet. Doch keines der ehrgeizigen Planziele wird 1937 erreicht, und sie wären auch 1938 nicht erreicht worden, wenn nicht durch den »Anschluß« Österreichs eine ganze Volkswirtschaft

Konrad Zuse: Der erste Computer

Konrad Zuse arbeitet zwischen 1936 und 1938 in der elterlichen Wohnung in Berlin-Kreuzberg an einer Rechenmaschine, die Ingenieuren die lästige Rechenschieberarbeit abnehmen soll.

Der 1910 in Berlin geborene Zuse gibt seine Anstellung als Statiker bei den Henschel-Flugzeugwerken in Schönefeld auf, um sich ganz der Erfindung zu widmen, die er unter dem Namen Z1 vermarkten will. 1940 macht er sich selbständig und baut ein zweites und drittes Gerät. Mit der Z3 gelingt Zuse der technische Durchbruch: Es ist eine frei programmierbare, auf dem binären Zahlensystem basierende Rechenmaschine. Heute gilt die Z3 als erster funktionsfähiger Computer der Welt.

Nach dem Krieg siedelt sich Zuse mit seiner Firma in Bad Hersfeld an. Als ersten Computer liefert er mit der Z4 ein Einzelstück an die Eidgenössische Technische Hochschule in Zürich aus. 1949 ist das der einzige funktionsfähige Computer in Europa. Mit der Z 11 beginnt 1955 die Serienfertigung. Bis 1967 stellt die Zuse KG insgesamt 251 Computer her. Dann verkauft Zuse seine Firma wegen der zu hohen Entwicklungskosten neuer Rechner an die Siemens AG.

Zuse wird noch Zeuge des von ihm prophezeiten Computerzeitalters. Er stirbt am 18. Dezember 1995.

und riesige jüdische Vermögen in die Kassen des räuberischen Reiches geflossen wären.

Die wirtschaftliche Mobilisierung führt zu einer Hochkonjunktur, die allerdings, weil sie sich hauptsächlich der Rüstungsproduktion verdankt, keine Auswirkungen auf den Massenkonsum und die Kaufkraft der Bevölkerung hat. Hitler weiß das, und er legt großen Wert darauf, daß auch unter den größten Anspannungen die Bevölkerung wenigstens keine Einschränkungen hinnehmen muß. Zu sehr ist ihm der Zusammenbruch der »Inneren Front« im November 1918 in Erinnerung geblieben, so daß er jeden denkbaren sozialen Konflikt unbedingt vermeiden möchte. Er weiß, daß der Erfolg der Rüstungsproduktion von der Leistungsbereitschaft der Arbeiter abhängig ist, und er weiß auch, daß er ein motiviertes Volk braucht, wenn er einen Krieg führen will.

Tatsächlich hat nach 1933 das von den Nazis propagierte Modell der Volksgemeinschaft bei den meisten Arbeitern und kleineren Angestellten eine erhebliche Resonanz gefunden. Nicht unwesentlich hat die nach der Zerschlagung der Gewerkschaften am 10. Mai 1933 gegründete Deutsche Arbeitsfront (DAF) dazu beigetragen. Die DAF sollte »durch Bildung

Rundfunkdichte in den NSDAP-Gauen 1940

Mehr als 61 Prozent der Haushalte im Deutschen Reich verfügen 1940 über ein Rundfunkgerät.

	Geräte	Rundfunkdichte in %
Berlin	1 233 480	77,9 %
Hamburg	431 933	75,5 %
Schleswig-Holstein	323 718	73,7 %
Halle-Merseburg	327 624	70,6 %
Mecklenburg	173 066	70,5 %
Ostpreußen	351 996	53,7 %
Schlesien	755 795	53,9 %
Mainfranken	103 546	50,5 %
Saar-Pfalz	257 592	50,3 %
Koblenz-Trier	157 905	47,9 %
Bayerische Ostmark	257 525	44,8 %
Deutsches Reich	**14 113 518**	**61,3 %**

Quelle: Statistisches Jahrbuch Deutsches Reich

einer wirklichen Volks- und Leistungsgemeinschaft, die dem Klassenkampfgedanken abgeschworen hat«, die Interessen »aller schaffenden Deutschen« wahrnehmen und alle »im Arbeitsleben stehenden Deutschen zum nationalsozialistischen Staat und zur nationalsozialistischen Gesinnung« erziehen. Sie war die größte Massenorganisation im Deutschen Reich.

Die DAF ist an der Kürung von nationalsozialistischen »Musterbetrieben« beteiligt, in denen das neu eingeführte betriebliche »Führerprinzip« vorbildlich gehandhabt wurde. Sie organisiert außerdem den Reichsberufswettbewerb. Ihr »Amt für Schönheit der Arbeit« sorgt für saubere Arbeitsstätten, warmes Essen in den Werkskantinen und Grünanlagen um die Fabriken. Werkpausenkonzerte sollten den Arbeitern das Gefühl vermitteln, daß sie kein kulturelles Schattendasein führten. Auf den zum 1. Mai, dem »Tag der nationalen Arbeit«, stattfindenden Massenveranstaltungen wirkt die DAF bei der propagandistischen Selbstdarstellung des Regimes als »volksgemeinschaftlicher Arbeiterstaat« mit.

Vor allem die 1933 von der DAF gegründete Freizeitorganisation »Kraft durch Freude« (KdF), die bürgerliche Privilegien wie das Reisen nun auch für Arbeiter erschwinglich machte, hat die Akzeptanz des NS-Regimes enorm erhöht. Acht Tage Norderney kosten über die organisierten Reisen der KdF 40 Reichsmark, sieben Tage Berchtesgaden 29 und 14 Tage Rügen 59 Reichsmark, Vollpension inbegriffen. Eine eigene KdF-Flotte organisiert sogar Kreuzfahrten nach Capri, Madeira oder in die norwegischen Fjorde. 1934 buchen 2,3 Millionen »Volksgenossen« KdF-Urlaube, 1938 sind es schon 10,3 Millionen. Alles das war auch deshalb möglich geworden, weil die Nazis die jährliche Urlaubszeit auf zwölf Tage erhöht hatten. »Ich will, daß dem deutschen Arbeiter ein ausreichender Urlaub gewährt wird«, hatte Hitler in seinem Aufruf zur Gründung der KdF verkündet: »Ich wünsche dies, weil ich ein nervenstarkes Volk will, denn nur mit einem Volk, das seine Nerven behält, kann man wahrhaft große Politik machen.« Auch das harmloseste Urlaubsvergnügen ist Hitlers großen kriegerischen Mobilmachungsplänen untergeordnet.

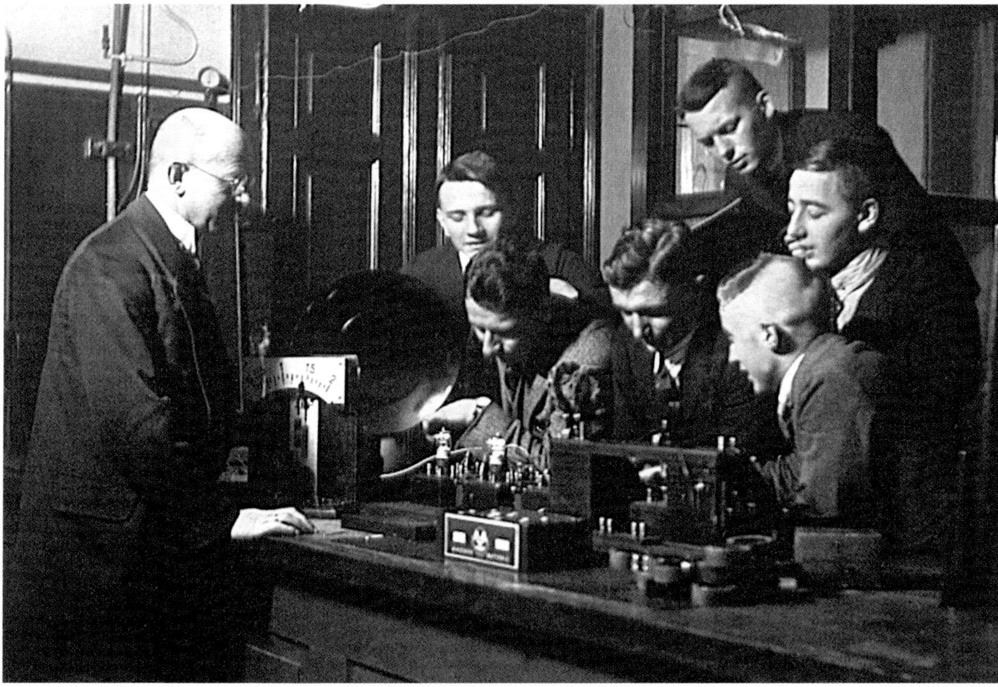

Experimenteller Rundfunkempfang in einem Zwickauer Gymnasium. Das Jahr von Hitlers »Machtergreifung« ist die Geburtsstunde des »Volksempfängers VE 301W« zum Preis von 76 Reichsmark. Seine Entwicklung und der Verkauf werden politisch forciert. Mit dem preiswerten Gerät wird immer mehr Menschen der häusliche Rundfunkempfang möglich. Der Staat garantiert, daß überall wenigstens ein deutscher Reichssender empfangen werden kann.

In der Bevölkerung hat die Aktivität der KdF jedoch zunächst dazu beigetragen, daß sich immer mehr das Bild eines fürsorglichen Sozialstaats verfestigte. Auch die Initiativen des Winterhilfswerks, der NS-Volkswohlfahrt und der NS-Frauenschaft haben diesem Zweck gedient.

Das Winterhilfswerk war ein soziales Mammutprogramm. Ursprünglich als Nothilfeaktion zur Bekämpfung der Folgen der nach wie vor hohen Arbeitslosigkeit im September 1933 ins Leben gerufen, nimmt es als Organisation und im Spendenaufkommen schnell gewaltige Ausmaße an. Es ist die nationalsozialistische Antwort auf den Wohlfahrtsstaat und dient dem Regime zur innenpolitischen Mobilisierung. Auf die Frage, wieso die reichsweiten Haus- und Straßensammlungen, die Sach-, Steuer- und Geldspenden, Eintopfsonntage, Winterpfennige, Lotterien und Kulturveranstaltungen des Winterhilfswerks nötig seien, wo doch auch beispielsweise eine Sondersteuer den gleichen Zweck erfüllen würde, hat Hitler genau diesen Aspekt in den Vordergrund gestellt. Gewiß würde der Weg über Steuern, so Hitler zu Beginn des Winterhilfswerks 1937, »viel einfacher

Märchenwagen von Dr. Oetker, 1936. Die Kinder werden mit der Welt der Märchen angezogen, die Mütter über Dr. Oetker-Produkte informiert. Das erfolgreichste Medium der Jahre aber ist der Film. Nachdem es schon in den zwanziger Jahren Silhouetten- und Scherenschnittfilme von Märchen gibt, produziert vor allem die Schonger-Film während der Zeit des Nationalsozialismus eine ganze Reihe von Märchenfilmen mit Darstellern in Schwarz-Weiß.

und für viele Menschen viel weniger beschwerlich sein, allein er würde gerade das vermissen lassen, was wir durch das Winterhilfswerk mit erreichen wollen, die Erziehung zur deutschen Volksgemeinschaft«.

Die Deutschen müßten es lernen, Opfer für das Gemeinwohl zu bringen. Nur so sei es ihnen möglich, den »Unterschied zwischen dem Sozialismus theoretischer Erkenntnis und dem Sozialismus des praktischen Lebens« zu erkennen. Es ist allerdings ein »Sozialismus«, in dem »das Gesetz zum Schutz der Schwachen und Dekadenten« nicht mehr gelten soll, wie es Hitler in einer Rede vor führenden Industriellen im Februar 1933 formuliert hatte. Sie sind, wie die Juden, rigoros davon ausgeschlossen. Nur folgerichtig ist, daß das Winterhilfswerk, obwohl von der Volkswohlfahrt organisiert, dem Propagandaministerium von Joseph Goebbels untergeordnet wird. In großen Propagandakampagnen werden Fotos von Hitler und anderen Nazigrößen unter das Volk gebracht, auf denen man sie beim deutschen Eintopfgericht vor dampfenden Schüsseln sehen kann. Das Winterhilfswerk hatte der »Volksgemeinschaft« jeden ersten Sonntag im Monat einen Eintopf verordnet, um das dadurch gesparte Geld seinen Sammlungen zuführen zu können.

Stelzenläufer werben in der Wormser Innenstadt 1935 für einen Kleinzirkus. In Deutschland gibt es in den dreißiger Jahren ein Dutzend Großzirkusse und ungezählte Zirkusfamilien, die über die Dörfer ziehen. In deutschen Zirkusbauten wird auch Geschichte geschrieben. Im Zirkus Sarrasani in Dresden wird am 10. November 1918 die Sächsische Republik ausgerufen, Hitler spricht häufig im festen Bau des Circus Krone in München. Am 30. Oktober 1923 war er dort vor 3000 begeisterten Anhängern aufgetreten und hatte zum Marsch auf Berlin aufgerufen.

Es sind ungeheure Summen durch diese Sammlungen zusammengekommen, oft freiwillig, mitunter aber auch durch Nötigung und Zwang. »Ich glaube, daß Sie als Bauer doch soviel Stolz besitzen und es nicht so weit kommen lassen, Sie dorthin zu verbringen, wo in der Regel Staatsfeinde und Volksschädlinge aufbewahrt werden«, schreibt die NSDAP-Kreisleitung im fränkischen Geislohe 1935 an einen wohlhabenden Erbhofbauer. Der Mann hatte sich eigentlich nichts zu schulden kommen lassen, außer daß er sich weigerte, einen Teil seiner Ernte dem Winterhilfswerk zur Verfügung zu stellen. Man gehe jetzt davon aus, so der Kreisleiter, daß der Ortsbauernführer innerhalb von acht Tagen melden könne, er habe nun seine »Pflicht als Deutscher« erkannt und »aus Dankbarkeit gegenüber dem Führer« das getan, »was die anständigen Bauern ohne Aufforderung als selbstverständliche Pflicht betrachtet und eingelöst haben«. Das Winterhilfswerk fand hinfort in ihm einen verläßlichen Spender, der wußte, was die Volksgemeinschaft von ihm erwartete.

Allein für das Jahr 1937 vermerkt Goebbels' Jahresbericht 5,5 Millionen Doppelzentner Kartoffeln, über 21 Millionen Doppelzentner Kohlen

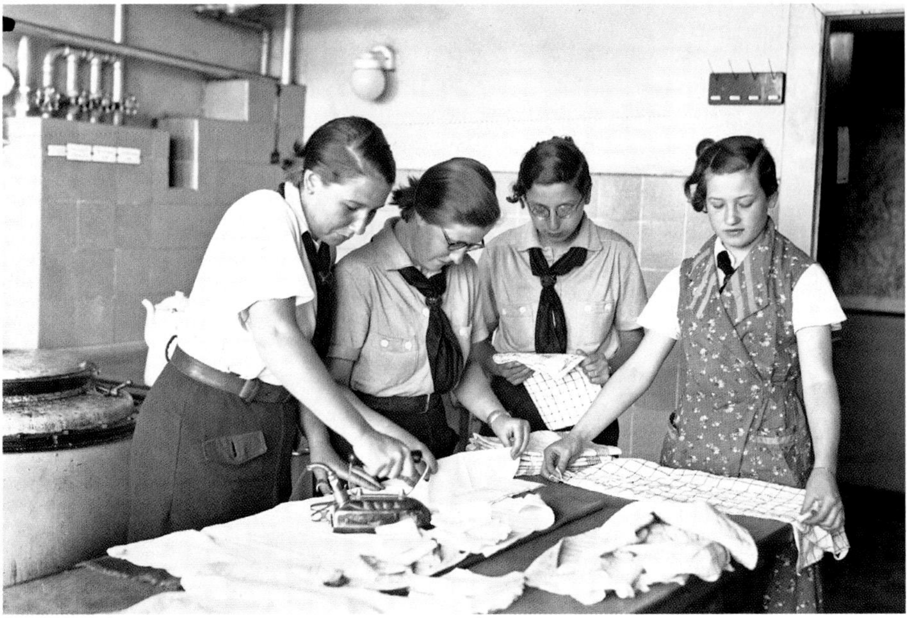

BDM-Mädchen bei der hauswirtschaftlichen Schulung in Rheinhessen, 1936/37. Der Bund Deutscher Mädel (BDM) ist eine Teilorganisation der Hitler-Jugend. Nach 1933 steigt die Zahl der im BDM organisierten Mädchen kontinuierlich an. Liegt der Anteil weiblicher Mitglieder der Hitler-Jugend 1933 bei nur 25 Prozent, so sind 1939 die Hälfte aller Mitglieder Mädchen.

und über dreieinhalb Millionen Theater- und Kinokarten. Doch das Winterhilfswerk ist, wie alle Kampagnen in Nazideutschland, eine exklusive Veranstaltung des völkischen Erwachens, ein Sozialwerk ausschließlich für arbeits- und fortpflanzungsfähige »Volksgenossen«. Behinderte, Alte und unheilbar Kranke werden an die beiden kirchlichen Wohlfahrtsorganisationen verwiesen. Während das Winterhilfswerk auf den Straßen sammelt, werden auf den gleichen Straßen Bettler verhaftet und in Arbeitshäuser oder KZs gesteckt. Unterstützungswürdig ist ausschließlich die »erbgesunde, leistungsfähige und leistungsbereite deutsche Familie«.

Die eigentliche Zielsetzung des NS-Staats, alle Bereiche des öffentlichen und privaten Lebens mit nationalsozialistischer Ideologie zu durchdringen, haben nur wenige erkannt. Die meisten selbst dann nicht, als das Regime versucht, sich der Jugendlichen und Heranwachsenden zu bemächtigen. »Nationalsozialismus ist organisierter Jugendwille« hieß eine verbreitete Losung der Zeit. Schon die Kinderzimmer sind immer mehr mit kriegerischem oder mit Naziemblemen versehenem Spielzeug gefüllt. Ab 1936/37 macht sich der Einfluß des Regimes auch im Schulunterricht deutlich bemerkbar, besonders in den »gesinnungsbildenden« Fächern wie Deutsch und Geschichte oder im Biologieunterricht, wo »Vererbungslehre« und »Rassenkunde« auf den Lehrplan gesetzt werden.

In der Hitler-Jugend sollen die deutschen Jugendlichen zu »Geführten« werden. Anfangs war die Mitgliedschaft freiwillig, sie wurde jedoch am 1. Dezember 1936 durch das »Gesetz über die Hitler-Jugend« zwangsverordnet. Die HJ hat äußerlich viel von der »bündischen« Jugendbewegung und den Pfadfindern übernommen und dadurch ihre Attraktivität erhöht. Geländespiele, Zeltlager, Radtouren zählen dazu, aber auch Segelfliegen oder Reiten. Daneben gehören Sammelaktionen für das Winterhilfswerk sowie Ernteeinsätze in der Landwirtschaft zu den unumgänglichen Pflichten in der Hitler-Jugend.

Der HJ schließt sich ab 1935 für männliche Jugendliche der halbjährige Reichsarbeitsdienst an, der immer mehr auch der vormilitärischen Erziehung und körperlichen Ertüchtigung dienen soll. Die Nazis wollen »kerngesunde Körper« heranziehen. Zeitschriften wie *Geist und Schönheit* propagieren dieses Ideal, das in den rund 43 000 ab 1934 im Deutschen Reichsbund für Leibesübungen gleichgeschalteten Sportvereinen umgesetzt werden soll. Alles das ist Teil einer umfassenden Mobilmachung. »Es gibt keine Unterscheidung zwischen Krieg und Frieden«, hatte Hitler bereits 1928 im *Völkischen Beobachter* geschrieben: »Immer ist Kampf.«

Die Entrechtung und Verfolgung der deutschen Juden

Die Floskel vom Kampf gilt insbesondere auch für die Haltung gegenüber der als jüdisch eingestuften Bevölkerung Deutschlands. »Den Juden sind die Lebensmöglichkeiten – nicht nur wirtschaftlich – einzuschränken. Deutschland muß ihnen ein Land ohne Zukunft sein«, heißt es in einer an Reinhard Heydrich gerichteten Denkschrift aus dem SD von 1934. »Abzulehnen sind die Mittel des ›Radau-Antisemitismus‹. Gegen Ratten kämpft man nicht mit dem Revolver, sondern mit Gift und Gas.« Das Amt II des SD, mit der Erforschung und Bekämpfung von »inneren Feinden« befaßt, hatte sich seit der Ausschaltung der SA-Führung in der »Nacht der langen Messer« zunehmend Gedanken darüber gemacht, wie man das »Judenproblem« einer Lösung zuführen könnte, ohne auf die unpopulären Hooliganmethoden zurückgreifen zu müssen, die den Geschäftsboykott vom 1. April 1933 zu einem so großen Misserfolg gemacht hatten.

Ausgrenzung war die eine Methode, das hatte die widerspruchslose Hinnahme des Gesetzes zur »Wiederherstellung des Berufsbeamtentums« und des »Arierparagraphen« gezeigt. Förderung der Auswanderung eine andere. Doch die war freiwillig meist nur unter zionistischen Juden er-

Berlin, Boykott am 1. April 1933. Am 29. März 1933 schreibt der Völkische Beobachter in einem Aufruf der Parteileitung: »In jeder Ortsgruppe und Organisationsgliederung der NSDAP sind sofort Aktionskomitees zu bilden zur praktischen planmäßigen Durchführung des Boykotts jüdischer Geschäfte, jüdischer Waren, jüdischer Ärzte und jüdischer Rechtsanwälte. Die Aktionskomitees sind verantwortlich dafür, daß der Boykott keinen Unschuldigen, um so härter aber die Schuldigen trifft.«

reichbar, die ohnehin erwogen, nach Palästina auszuwandern. Dem Rest mußte man mit anderen Mitteln deutlich machen, daß Deutschland für sie ein »Land ohne Zukunft« war.

Daß man dabei doch nicht ganz auf den »Radauantisemitismus« verzichten mochte, macht eine Denkschrift Adolf Eichmanns *Zum Judenproblem* von 1937 deutlich. Ausdrücklich betont Eichmann darin den Nutzen gewalttätiger Ausschreitungen, weil sie dazu betragen würden, unter den Juden ein Gefühl existentieller Unsicherheit zu verbreiten. Das war im Vorgriff auf die große antisemitische Welle geschrieben, mit der Goebbels 1938 Berlin überziehen sollte und die in den Pogromen der »Reichskristallnacht« gipfelte, aber auch aus dem Rückgriff auf die Erfahrungen der Aprilaktion von 1933. Immerhin hatten nach diesen Ausschreitungen 1933 Zehntausende von Juden Deutschland verlassen. Es war aber auch eine Bestandsaufnahme dessen, was tagtäglich im ganzen Land passierte.

Zwar hatte es seit dem April 1933 keine weiteren reichsweiten antisemitischen Aktionen gegeben, aber auf regionaler Ebene fanden immer

Gustaf Gründgens: Der Staatsschauspieler

Gustaf Gründgens spielt 1947 nach seiner Entlassung aus sowjetischer Haft am Deutschen Theater im sowjetischen Sektor Berlins in seiner Inszenierung von Wedekinds »Die Marquise von Keith«. Am Ende des Jahres geht er als Generalintendant an die städtischen Bühnen Düsseldorf.

Seit dem Frühjahr 1933 verlassen Hunderte deutscher Intellektueller und Künstler Deutschland. Einer, der es ablehnt zu gehen, ist der Theaterstar Gustaf Gründgens. 1934 wird er zuerst Künstlerischer Leiter, dann Intendant des Preußischen Staatstheaters am Gendarmenmarkt, 1936 Preußischer Staatsrat. Von 1937–1945 ist Gründgens Generalintendant der Preußischen Staatstheater.

Gründgens' Entscheidung für Deutschland hat viele Gründe: Ehrgeiz, Liebe zur deutschen Sprache, Angst vor dem Ende der Karriere. Gegenüber Freunden äußert er die Hoffnung, das neue Regime werde sich nicht lange halten. Außerdem will er das Theater, wie er in einem Brief schreibt, »über diese Spanne der Torheit hinüber retten«. Viele Exilanten glauben ihm nicht. Klaus Mann, der Sohn von Thomas Mann und früherer Schwager von Gründgens, charakterisiert den Schauspieler (unter dem Namen Hendrik Höfgen) in seinem Schlüsselroman Mephisto *als »Affen der Macht«, und »Clown zur Zerstreuung der Mörder«. Dagegen steht Gründgens' Überzeugung, daß Theater und Politik nichts gemein hätten. Er glaubt an das Theater als die festlich entrückte Gegenwelt zum Alltag.*

Gründgens meidet zeitgenössische Werke und inszeniert vor allem die deutschen Klassiker. Seine Paraderolle ist der Mephisto im »Faust«, dessen beide Teile er in Berlin neu inszeniert. 1943 wird er zeitweilig als Soldat in den Niederlanden stationiert, das Kriegsende erlebt er in Berlin. 1945/46 sitzt er neun Monate in einem sowjetischen Internierungslager. Im Verfahren zur »Entnazifizierung« wird er von zahlreichen Künstlern, u.a. dem Schauspieler, Sänger und einstigen Freiwilligen im Spanischen Bürgerkrieg Ernst Busch, entlastet und im April 1946 auf freien Fuß gesetzt.

SS-Aufmarsch auf dem Hindenburgplatz in Münster, 1937. Die SS ist zu dieser Zeit eine Art »politische Bereitschaftspolizei« oder dient als Sonderkommando zur Bewachung der Konzentrationslager.

wieder Ausschreitungen und eklatante Diskriminierungsmaßnahmen statt. In Nürnberg war den Juden bereits 1933 das Baden im Fluß und in den öffentlichen Badeanstalten verboten worden. Besonders der fränkische Naziführer Julius Streicher war jederzeit um Pogromstimmungen bemüht. Überall im Reich ließ er Schaukästen mit seinem antisemitischen Hetzblatt *Stürmer* aufstellen, die voll waren mit pornographischen Greuelgeschichten über angebliche jüdische Zügellosigkeiten. Wahrscheinlich war es der Druck dieser sexuell verklemmten Kampagne, der Hitler Hals über Kopf dazu veranlaßte, auf dem Nürnberger Reichsparteitag im Herbst 1935 ein »Gesetz zum Schutz des deutschen Blutes und der deutschen Ehre« durchzupeitschen, das hinfort die Ehe und jeden sexuellen Kontakt zwischen deutschen »Reichsbürgern« und »Nichtariern« unter Strafe stellte. Schon am 31. Mai 1935 hatte ein neues Wehrgesetz Juden vom »Ehrendienst am deutschen Volke« ausgeschlossen. Mit dem »Reichsbürgergesetz« vom 15. September sind die deutschen Juden ihrer deutschen Staatsangehörigkeit beraubt worden.

1935 sind überall im Reich judenfeindliche Ausschreitungen zu beobachten, teils als Reaktion auf die Siegesstimmung, die sich nach der erfolgreichen Volksabstimmung an der Saar unter Parteianhängern breitgemacht hatte. Ende Juni erscheint ein Nazitrupp unter der Führung eines SS-Offiziers im Mannheimer Rheinbad Herweck und macht dort unter lautem Gebrüll antisemitischer Parolen Jagd auf jüdische Badegäste.

Ausflug der Mitarbeiter des Amtsgerichts Neurode, 1937 (oder 1938). Traditionell gab es viele Juden unter den Juristen. Sie werden aus dem Staatsdienst gedrängt und verlieren Ihre Zulassung als Anwälte. Im Nationalsozialismus sind alle Rechtsstaatsgrundsätze wie z. B. die Gewaltenteilung ausgeschaltet. Auch die Verfassung wird ausgesetzt. Viele Gesetze werden nach 1933 aufgehoben oder durch nationalsozialistische Normen ersetzt.

In Kassel stürmt die SA das Schwimmbad. In Fulda stürmt sie einen Viehmarkt und verprügelt nicht nur die jüdischen Viehhändler, sondern auch ihre hessischen Bauernkunden. Fenster und Türen jüdischer Häuser und Geschäfte werden mit Exkrementen, Teer und Farbe beschmiert, jüdische Grabstätten durch SA und HJ-Trupps entweiht. In Wuppertal wird ein koscherer Metzger beschuldigt, verdorbene Hammelköpfe zu verkaufen, und seinem »arischen« Steuerberater wird vorgeworfen, er sei homosexuell und erst kürzlich mit einem »Judenbübchen« gesehen worden. In Crimmitschau wird ein jüdischer Hautarzt beschuldigt, er fördere die »Rassenschande« und mache sich junge »arische« Mädchen hörig. Eine regelrechte »Rassenschande«-Psychose bricht aus, nachdem die Nürnberger Gesetze verabschiedet sind.

Obwohl es bis 1938 für die »Entjudung« der deutschen Wirtschaft keine gesetzliche Grundlage gab, sind Enteignungen, Zwangsliquidationen und Zwangsverkäufe seit 1933 regelmäßig vorgenommen worden. Die Methoden, derer man sich dabei bediente, reichen vom Widerruf von Kreditzusagen über den Entzug von Staatsaufträgen und Denunziationen bei den Steuerbehörden, Gesundheits- und Arbeitsämtern bis zu regelrechten Lieferantenboykotten und Zahlungsverweigerungen. In Breslau wird Sylvius Schalscha, der jüdische Besitzer eines Schleppkahns, mit Waffenge-

Jungen jüdischer Abstammung haben zwischen 1932 und 1935 in Königsberg/Ostpreußen eine Fußballmannschaft gegründet. Im Deutschen Reich gibt es auch nach 1933 zwei jüdische Sportverbände: Den zionistisch ausgerichteten »Makkabi Deutschland« und die im Reichsbund jüdischer Frontsoldaten organisierten Sportler, die eine »nationale« Gesinnung pflegen. Jüdische Sportler dürfen nur noch untereinander wetteifern.

walt zum Rücktritt als Vorsitzender der Oder-Schiffahrtsvereinigung und zum Austritt aus der Handelskammer gezwungen.

In Nürnberg sorgt der *Stürmer*-Herausgeber Julius Streicher dafür, daß sämtliche Juden aus dem Fahrrad-, Hopfen- und Spielzeughandel vertrieben werden, indem man sie, teils durch Gewalt, dazu zwingt, ihre Besitztümer und Immobilien für zehn Prozent des üblichen Marktwerts zu verkaufen. NS-Betriebsorganisationen und Deutsche Arbeitsfront sorgen dafür, daß Juden aus den Vorständen und Aufsichtsräten der großen Firmen entfernt werden. Auch die »Gauwirtschaftsleiter« spielen eine große Rolle bei der »Arisierung« der Wirtschaft auf regionaler Ebene. Ignaz Nacher, der Generaldirektor und Mehrheitseigentümer der Berliner Engelhardt-Brauerei, wird auf Grund einer falschen Anschuldigung wegen angeblicher Schmiergeldzahlungen dazu gezwungen, der Stadt Berlin Aktien im Wert von 2,5 Millionen Mark entschädigungslos zu übereignen. Das waren die Methoden, die der Verfasser der Denkschrift an Heydrich meinte, als er vorschlug, man müssen den Juden in Deutschland deutlich machen, daß dies für sie ein »Land ohne Zukunft« sei.

Die Nürnberger Gesetze von 1935, die Juden zu Menschen minderen Rechts stempelten, waren die bis dahin radikalsten Eingriffe von staatli-

Emigration deutscher Juden aus dem Deutschen Reich, 1937-1939

Zwischen 1933 und 1939 können nur 10,3 Prozent der Juden aus dem Deutschen Reich emigrieren.

Herkunft	1933	1937	1938 bis August	1939	in %
Juden im Deutschen Reich	**499 692**			**446 441**	**100%**
Preußen gesamt		4 248	9 333	14 632	
davon Berlin		948	2 901	6 965	
davon Provinz Schlesien		286	851	2 170	
davon Provinz Hannover		202	533	665	
davon Provinz Westfalen		182	427	508	
davon Provinz Hessen-Nassau		1 547	2 646	1 624	
davon Provinz Rheinprovinz		764	1 380	1 227	
übriges Preußen		319	655	1 473	
Rest Deutsches Reich		2 907	7 168	7 751	
Auswanderung		**7 155**	**16 561**	**22 383**	
Auswanderung 1933 – 1939 gesamt				**46 099**	**10,3%**

Auswanderungsländer	**Europa**	**USA**	**Argentinien**	**Mexiko**	**Brasilien**	**Asien**
Zahl der Auswanderer	4 659	21 404	3 729	3 489	1 809	2 782

Quelle: Statistisches Jahrbuch Deutsches Reich

cher Seite. 1936, nach den Olympischen Spielen, fordert Hermann Göring in einer Denkschrift, die deutschen Juden insgesamt für alle Schäden verantwortlich zu machen, die der deutschen Wirtschaft von einzelnen Juden zugefügt wurden, und verlangt ein entsprechendes Gesetz, dem er selbst vorgreift, indem er im Frühjahr 1937 sämtliche jüdischen Devisenguthaben beschlagnahmen läßt.

Doch erst im März 1938, nach dem »Anschluß« Österreichs, eröffnet sich wieder die Möglichkeit für eine Kampagne großen Stils. Die Österreicher hätten innerhalb von 14 Tagen etwas geschafft, schreibt das SS-Organ *Das Schwarze Korps* voller Hochachtung, »was wir in unserem langsamen, schwerfälligen Norden bis zum heutigen Tage nicht zuwege gebracht haben«. Schon bevor die ersten motorisierten Vorhuteinheiten der Wehrmacht Wien erreicht haben, sind österreichische Nazis und ihre Anhänger über die Juden der Stadt hergefallen. Ganze Gruppen von zusammengetriebenen Juden haben sie dabei gezwungen, die Straßen mit Nagel- und Zahnbürsten zu reinigen, Automobile wurden beschlagnahmt, Geschäfte

Jazz: Gegen »Niggerei und jüdische Frivolität«

Der Swing, die amerikanische Big Band-Musik, macht den Jazz in Deutschland populär. Die Nazis können dieser orchestralen »Negermusik« natürlich nichts abgewinnen. Hauptargument gegen den Jazz ist seine ethnische Herkunft, kritisiert werden aber auch die Klangfarben und das Instrumentarium, insbesondere die gestopften Blasinstrumente. Weitere Kritikpunkte sind die »sinnlose Anwendung von Synkopen« und, sehr viel vager, »die künstlerische Zuchtlosigkeit« und »Verlotterung und Verschlampung im musikalischen Ausdruck«.

1933 wird in einem Erlaß der »übertriebene Hot-Rhythmus« verboten. Dagegen bleibt »melodiöser Jazz« zunächst erlaubt. Eifrige Lokalgrößen sprechen in verschiedenen Städten dennoch Verbote aus, und im selben Jahr wird Jazz auch in der »Berliner Funkstunde« nicht mehr gespielt. Am 12. Oktober 1935 verbietet Reichssendeleiter Eugen Hadamovsky den »Niggerjazz« im Radio: »Nachdem wir zwei Jahre lang mit dem Kulturbolschewismus aufgeräumt haben, wollen wir auch mit den noch in unserer Unterhaltungs- und Tanzmusik verbliebenen zersetzenden Elementen Schluß machen. Mit dem heutigen Tag spreche ich ein endgültiges Verbot des Niggerjazz für den gesamten deutschen Rundfunk aus.«

Einige Musiker spielen dennoch den Swing. Sie geben den amerikanischen Nummern einfach deutsche Titel. So wird aus dem »St. Louis Blues« das »Lied vom blauen Ludwig«. Auch amerikanische (Musik-) Filme wie die »Broadway Melodie 1938« erfreuen sich großer Popularität.

Im Februar 1941 wird auch dieser Ausweg versperrt. Propagandaminister Joseph Goebbels erklärt jede Musik mit verzerrten Rhythmen, Musik mit atonaler Melodieführung und die Verwendung von sogenannten gestopften Hörnern für »grundsätzlich verboten«.

Die Musiker eines in der Wormser Kemmel-Kaserne stationierten Wehrmachtsbataillons führen eine musikalische Reise um die Welt als Revue auf. Und als man in New York »landet«, spielen die Mitglieder einer Wehrmachtskapelle 1938 Big Band Jazz.

geplündert und Wohnungen ausgeräumt. Überall im Anschlußgebiet bemächtigen sich »kommissarische Verwalter« jüdischer Geschäfte.

Adolf Eichmann, den Heydrich nach Wien geschickt hat, um dort die jüdischen Organisationen unter seine Kontrolle zu bringen, kann das nur mit Bewunderung feststellen. Auch die Geschwindigkeit, mit der das im Mai nach Wien geholte »Reichskuratorium für Wirtschaftlichkeit« innerhalb kürzester Zeit alle in jüdischem Besitz befindlichen Betriebe liquidiert, imponiert ihm gewaltig. Eichmann selbst hat im Palais des Inhabers der Rothschild-Bank seine »Zentralstelle für jüdische Auswanderung« eingerichtet. Täglich würden 350 Juden Österreich über sein Amt verlassen, berichtet er triumphierend nach Berlin, wo man sich anschickt, dem österreichischen Beispiel Folge zu leisten.

Dort wird am 28. April eine »Verordnung über die Anmeldung des Vermögens von Juden« erlassen, die festlegt, daß Göring als Bevollmächtigter für den Vierjahresplan befugt ist, Maßnahmen zu treffen, »die notwendig sind, um den Einsatz des anmeldepflichtigen Vermögens im Einklang mit den Belangen der deutschen Wirtschaft sicherzustellen«. Im Juni beginnt eine Kampagne zur »Arisierung« jüdischer Unternehmen. Im Juli erhalten alle jüdischen Ärzte eine Mitteilung, daß sie ihre Praxis innerhalb von drei Monaten zu schließen hätten, im September geht die gleiche Anweisung an alle jüdischen Rechtsanwälte. Im Oktober fordert Göring, die Juden müßten vollständig aus der Wirtschaft entfernt werden.

Andere Pläne hat, motiviert durch das österreichische Beispiel, Joseph Goebbels. Im April fordert er, »Berlin den Charakter eines Judenparadieses« zu nehmen, und läßt aus diesem Grund den Berliner Polizeipräsidenten Graf Helldorf eine Denkschrift ausarbeiten, in der dieser vorschlägt, ein Judenghetto in der deutschen Hauptstadt einzurichten, das von vermögenden Juden selbst finanziert werden soll. Doch Helldorf erzeugt durch seinen Übereifer dabei eher gewisse Komplikationen. »Die Partei hat - wahrscheinlich auf Anregung von Helldorf - die Judengeschäfte beschmiert«, notiert Goebbels am 22. Juni ins Tagebuch: »Darob hat sich Funk (der neue Wirtschaftsminister) eingeschaltet. Er will das alles legal machen.«

Helldorf setzt seine Aktionen gegen die Juden, die Goebbels' Zustimmung finden, allerdings hartnäckig fort. »Die gehen planmäßig vor sich«, so Goebbels. »Viele Juden sind bereits aus Berlin ausgewandert. Aufstellung der Vermögen der Berliner Juden: es gibt noch so viele reiche Leute und mehrfache Millionäre darunter, daß Mitleid hier ganz fehl am Platze wäre. Also werden wir die Aktion fortsetzen.« Im Zuge der Aktion »Arbeitsscheu Reich« gegen »Asoziale«, »Kriminelle« und »Sinti und Roma« werden im Juni auch zahlreiche Juden willkürlich verhaftet.

Zerstörtes Schaufenster eines jüdischen Geschäfts in Osnabrück am 10. November 1938. Zehn Jahre zuvor gehören der jüdischen Gemeinde in Osnabrück ca. 500 Mitglieder, darunter die Familie des Malers Felix Nussbaum, an. Am 12. Dezember 1941 verläßt der erste Deportationszug mit 190 noch in Osnabrück verbliebenen Juden die Stadt. Den Zweiten Weltkrieg überleben in der Stadt nur fünf jüdische Mitbürger.

Mit der Abschiebung von 17 000 als polnischstämmig bezeichneten Juden nach Polen wird die antijüdische Politik im Oktober 1938 nochmals verschärft. Von den Deutschen gewaltsam aus dem Land getrieben und von den Polen nicht ins Land gelassen, irren die Abgeschobenen im deutsch-polnischen Niemandsland umher. Zu den Deportierten gehören auch die Eltern und zwei Geschwister des 17jährigen Herschel Grynszpan, der am 7. November 1938 in Paris den deutschen Diplomaten Ernst vom Rath mit einem Pistolenschuß so schwer verwundet, daß er anschließend seinen Verletzungen erliegt. »Mein Volk hat ein Recht darauf, auf dieser Erde zu existieren«, rechtfertigt er vor dem französischen Gericht seine Tat. »Es ist schließlich kein Verbrechen, Jude zu sein.«

Goebbels liefert das Attentat den Vorwand für einen »spontanen Sühneakt«. Er ist am 9. November, als Ernst vom Rath nachmittags um 16 Uhr stirbt, in München, um die jährliche Gedenkfeier für den Hitler-Putsch von 1923 zu leiten. Es dürfe auch Tote geben, läßt er am Abend eine Versammlung von Partei- und SA-Führern wissen, die nach dieser Nachricht sofort an die Telefone des Hotels *Rheinischer Hof* eilen, um ihre Leute vor Ort zu instruieren. In der staatlich gelenkten Pogromnacht vom 9. zum 10. November ermorden die Nazis etwa 100 Juden, stecken Hunderte von

Richard Strauss: Der konservative Radikale

Richard Strauss ist nicht nur Komponist, sein Engagement definiert auch die Stellung des Musikers in der Gesellschaft neu. So gehört er 1898 zu den Mitbegründern einer »Genossenschaft deutscher Tonsetzer«: Aus dieser entsteht 1903 die »Anstalt für musikalische Aufführungsrechte«, aus der später die GEMA hervorgeht.

Am 24. Juni 1935 führt die Dresdner Staatsoper Richard Strauss' neue Oper »Die schweigsame Frau« auf. Da der jüdische Schriftsteller Stefan Zweig das Libretto geschrieben hat, nimmt Strauss ein beträchtliches persönliches Risiko auf sich. Zu diesem Zeitpunkt steht Strauss noch der Reichsmusikkammer als Präsident vor. Im Konflikt um die Absetzung der Oper tritt er von seinem Amt zurück.

Richard Strauss wird am 11. Juni 1864 in München geboren. Sein Vater ist Erster Hornist am Hoforchester München. Seine aus der Brauerdynastie Pschorr stammende Mutter sichert ihm eine lebenslange finanzielle Unabhängigkeit. Berühmt wird Strauss mit seinen programmatischen Orchesterwerken wie »Till Eulenspiegel« (1895) und »Also sprach Zarathustra« (1896). Die Premiere seiner »Salome« (1904), von der Kaiser Wilhelm II. glaubt, sie werde Strauss furchtbar schaden, ist ein überaus einträglicher Skandal. Das Stück spaltet die Operngemeinde in glühende Bewunderer und ebenso heftige Kritiker, aber es wird zum Inbegriff der modernen Oper.

Auch nach seinem Rücktritt als Präsident der Reichsmusikkammer spielt Strauss im musikalischen Leben eine wichtige Rolle. So komponiert er 1936 die Hymne der Olympischen Spiele und leitet selbst die Uraufführung. Die Kriegsjahre verbringt Strauss vor allem in Wien. Hier feiert er 1944 seinen 80. Geburtstag. Zu diesem Zeitpunkt gilt die Order aus Berlin, daß der »persönliche Verkehr unserer führenden Männer« mit dem Komponisten zu unterbleiben habe.

Richard Strauss stirbt am 8. September 1949 in Garmisch-Partenkirchen.

Synagogen in Brand und demolieren Tausende jüdischer Geschäfte und Wohnungen.

Als Goebbels am nächsten Morgen Hitler in seinem Münchner Stammlokal, der Schwabinger *Osteria*, zum Frühstück trifft, verlangt der »Führer«, daß die Juden die Kosten für die Verwüstungen selbst übernehmen müßten, was im übrigen nur eine Vorstufe zu ihrer anschließenden vollständigen Enteignung sein würde. Schon um Mitternacht hatte Gestapochef Heinrich Müller mit der Verhaftung von 30 000 vermögenden Juden begonnen, die in Konzentrationslager verschleppt und zur Ausreise gezwungen werden sollen.

Am 12. November sorgt Göring dafür, daß den deutschen Juden eine »Sühneleistung« von zunächst einer Milliarde Reichsmark auferlegt wird, angesichts einer Bevölkerungsgruppe, die zu diesem Zeitpunkt noch 250 000 Personen zählt, eine sehr große Summe. Damit ist für die Nazis das Stadium des staatlich angeordneten, offenen Raubs von jüdischem Besitz erreicht: Die »Verordnung zur Ausschaltung der Juden aus dem Wirtschaftsleben« vom 12. November 1938 »legalisiert« nun die uneingeschränkte »Arisierung der Wirtschaft«.

Sie verbietet Juden den Betrieb von Einzelhandelsgeschäften und Handwerksbetrieben sowie das Feilbieten von Waren aller Art. Alle jüdischen Kapitalvermögen werden eingezogen, Grundeigentum, Wertpapiere und Schmuck werden zwangsveräußert. Die Einführung einer besonderen Kennkarte mit aufgedrucktem »J« und die Zwangsvornamen »Sara« bzw. »Israel« werden für alle Juden angeordnet, der Besuch von Bibliotheken, Kinos, Theatern, Museen und Schwimmbädern ist ihnen in Zukunft grundsätzlich verboten.

Ab dem 15. November 1938 dürfen jüdische Schüler keine »deutschen« Schulen mehr besuchen. Immer mehr Parkbänke sieht man nun mit der Aufschrift »Nur für Arier«, und immer öfter an privaten Restaurants und Geschäften der Satz »Juden unerwünscht«. Im Dezember 1938 werden den deutschen Juden schließlich auch noch das Autofahren und der Besitz von Kraftfahrzeugen verboten.

»Es kann keinem Deutschen mehr zugemutet werden, daß er länger mit Juden, als mit einer abgestempelten Rasse von Mördern und Verbrechern und Todfeinden des deutschen Volkes, unter einem Dach lebt«, hetzt schon Ende November *Das Schwarze Korps:* »Die Juden müßten daher aus unseren Wohnhäusern und Wohnvierteln verjagt und in Straßenzügen oder Häuserblocks untergebracht werden, wo sie unter sich sind und mit Deutschen so wenig wie möglich in Berührung kommen.« Die Judenfrage, so das Sprachrohr der SS, müsse »nunmehr ihrer totalen Lösung« zugeführt werden.

Kindheit eines Mediums: Bunte Abende in Fernsehstuben

1935 flimmern täglich etwa zweieinhalb Stunden Programm über die wenigen deutschen Fernsehschirme. Der Ablauf ist an jedem Tag weitgehend identisch: Zuerst kommen die Nachrichten, dann folgt ein aktueller Zusammenschnitt von Kinowochenschauen und eine Unterhaltungsendung mit live übertragenen Sketchen und Musiknummern, am Ende stehen Ausschnitte aus Spielfilmen der Ufa. Dieses Programm ist nur im Großraum Berlin zu sehen. Pro Tag kommen etwa 1 000 Zuschauer in die von der Reichspost betriebenen Fernsehstuben.

Die große Mehrheit der Deutschen wird erst 1936 dank den Olympischen Spielen auf das Fernsehen aufmerksam, deren Übertragung in den 28 Fernsehstuben große Resonanz findet. Mehr als 150 000 Zuschauer verfolgen die Wettkämpfe auf den 31 x 36 cm kleinen Bildschirmen. Auch über Großveranstaltungen wie die Funkausstellung und die Reichsparteitage wird live berichtet. Es gelingen Direktübertragungen und Konferenzschaltungen bis nach Leipzig und München.

Im Krieg sendet das Fernsehen in erster Linie Programme für verwundete Soldaten. Die Behörden in Berlin stellen die zur Verfügung stehenden Geräte in 40 Lazaretten auf. Die Sendungen ähneln den Wunschkonzerten im Radio, übertragen werden sie aus dem Kuppelsaal im Haus des deutschen Sports, dessen großer Saal 2 000 Gästen Platz bietet. Am 14. März 1941 hat eine fast 90minütige Sendung Premiere. Auf dem Programm stehen unter dem Motto »Wir senden Frohsinn – Wir spenden Freude« Musik- und Tanznummern. Die wöchentlichen Übertragungen werden erst am 21. Juni 1944 eingestellt.

Eine öffentliche Fernsehstube der Deutschen Reichspost Ende der dreißiger Jahre in Berlin.

1793 FRANZENSQUELLE

DER WEG IN DEN KRIEG

Beschwichtigungen und Drohungen

Einige Monate nach Hitlers »Machtergreifung« sieht man in einer Karikatur der amerikanischen Zeitung *The Nation* endlose Reihen in Marschformation angetretener SA, über deren Köpfe ein riesiges Kanonenrohr ragt, aus dessen Mündung, die zugleich als Hitlers Mund kenntlich gemacht ist, eine Friedenstaube flattert. »Beschwichtigung und Drohung« nannte der Karikaturist das Blatt. Er hätte die neue Außenpolitik des NS-Regimes in seiner Anfangszeit nicht trefflicher kennzeichnen können. In seinen programmatischen Reichstagsreden vom 23. März und vom 17. Mai 1933 hatte Hitler Verhandlungsbereitschaft nach allen Seiten signalisiert. Die letztere war die maßvollste Rede, die er je gehalten hat. Kein Wort vom Versailler »Diktat«; von einem »Friedensvertrag« ist hier die Rede, der zwar zu »unbefriedigenden Zuständen« geführt habe, doch, so Hitler: »Kein neuer europäischer Krieg wäre in der Lage, an die Stelle der unbefriedigenden Zustände heute etwa bessere zu setzen.«

Das hatte zwar am Abend des 3. Februar während der geheimen Lagebesprechung im Haus des Heereschefs von Hammerstein-Equord noch ganz anders geklungen, aber hier im Reichstag wandte sich Hitler auch an die internationale Öffentlichkeit, wohl wissend, daß er zur Erfüllung seiner maximalistischen Expansionspläne eine gefährliche Anfangsperiode zu überstehen hatte, bis es ihm die Wiederaufrüstung gestatten würde, aus einer Position der Stärke zu sprechen.

Doch auch Hitlers sogenannte Friedensrede vom Mai 1933 kommt nicht ganz ohne versteckte Angriffe aus. Er zeigt zwar Verständnis für die Sicherheitsbedürfnisse der Nachbarn, aber nur, um das gleiche auch für Deutschland einzufordern, und endet dabei mit der Drohung: »Als dauernd diffamiertes Volk würde es uns schwerfallen, noch weiterhin dem Völkerbunde anzugehören.« Solche Worte hätte man eigentlich nicht überhören können.

Sehr geschickt signalisiert Hitler dabei Verhandlungsbereitschaft nach allen Seiten, und die ersten Erfolge lassen nicht lange auf sich war-

Linke Seite: Franzensbad, ein Kurort mit 5200 Einwohnern im Egerland. Am 1. Oktober 1938 ist die Wehrmacht in die Stadt eingerückt. Am 3. Oktober besucht Adolf Hitler die Stadt. Franzensbad wird den Platz vor der Quelle in Adolf-Hitler-Platz umbenennen.

Reichsparteitag in Nürnberg 1936: Opfer des Ersten Weltkriegs salutieren dem vorbeimarschierenden Hermann Göring. Der nächste Krieg ist bereits in Vorbereitung.

ten. Schon am 7. Juni unterzeichnet das Deutsche Reich in Rom einen durch Mussolini eingefädelten Viermächte-Pakt mit Italien, England und Frankreich, der zwar nie ratifiziert werden sollte, unter anderem deshalb, weil Hugenberg kurz darauf und gegen Hitlers Weisung auf der Londoner Weltwirtschaftskonferenz von »ungeheuren Räumen im Osten« schwadronierte, deren Besiedlung Deutschlands Mission sei. Doch die Bereitschaft zu diesem Vertragswerk hatte gezeigt, daß die europäischen Großmächte nicht nur bereit waren, Deutschland als gleichberechtigtes Mitglied anzuerkennen, sondern dies auch zu bilateralen Bedingungen zu tun, die eine Umgehung des kollektiven Völkerbundprinzips bedeuteten.

Hitler, der das weiß, sendet nun nach mehreren Richtungen Signale aus, die alle auf ein Ziel gerichtet sind, nämlich das Sicherheitssystem der Versailler Ordnung und des Völkerbundes zu unterlaufen. Anfang Mai wird der am 24. April 1926 von der Regierung Stresemann geschlossene Berliner Vertrag mit der Sowjetunion verlängert. Er knüpfte als »Freundschaftsvertrag« an den Vertrag von Rapallo an.

Zur gleichen Zeit empfängt Hitler den polnischen Gesandten Wysocki, um ihm mitzuteilen, er habe keineswegs die Absicht, die existierenden

Das größte Autowerk der Welt: Der KdF-Wagen

Der Auftritt des Reichskanzlers bei der Grundsteinlegung des Volkswagenwerks ist minutiös geplant. Es ist der 26. Mai 1938 und pünktlich um 12.47 Uhr trifft Adolf Hitler auf dem Bahnhof in Fallersleben ein. Dort erwarten ihn der Reichsorganisationsleiter Robert Ley, der Stabschef der SA Viktor Lutze und der Gauleiter von Ost-Hannover Otto Telschow.

Auf dem Festplatz sind über 50 000 Menschen versammelt. Als Hitler die Ehrentribüne betritt, erklingt die Führerfanfare. Ley begrüßt den Reichskanzler und hält eine Dankesrede. Er ist vor knapp einem Jahr mit dem Bau des Werkes und der Gründung der »Stadt des KdF-Wagens« beauftragt worden und steht vor einer gewaltigen Aufgabe. Auf einer Fläche von 200 Hektar soll östlich von Fallersleben und nördlich des Mittellandkanals ein Werk die Produktion aufnehmen, in dem 15 000 Menschen Arbeit finden werden. Ihre neue Heimat ist südlich des Kanals geplant. Hier sollen in einer neuen Stadt – Wolfsburg – Wohnungen und Einrichtungen für 80 000 Menschen entstehen.

Alles geht sehr schnell an diesem Tag. Nach Ley spricht Reichsamtsleiter Bodo Lafferentz, Geschäftsführer der Gesellschaft zur Vorbereitung des Volkswagens. Um 13.51 Uhr hält der »Führer« seine ungewöhnlich kurze Ansprache. Gegen 14.00 Uhr verliest Lafferentz den Text der Urkunde der Grundsteinlegung, legt sie in eine bronzene Kassette und deponiert diese im Grundstein. Um 14.15 Uhr führt die Fahrt nach Fallersleben zurück.

Hitlers Vorgabe eines bezahlbaren Massenprodukts Auto bleibt auf die Prototypen beschränkt. Nach 1939 hat der Bau von Militärfahrzeugen Vorrang. Statt des KdF-Wagens verlassen auf Basis des KdF-Wagens militärische Kübel- und Schwimmwagen das Werk. Lediglich für die NS-Prominenz werden einige Limousinen und Cabriolets ausgeliefert.

Er sollte das Symbol für Hitlers »Volksstaat« schlechthin werden: Der Volkswagen. Doch seine wirkliche Karriere beginnt erst nach dem Krieg. Kaum als Prototyp vorgestellt, fließt alles Geld in die schrankenlose Aufrüstung.

Der olympische Fackellauf: Volksfeste und Weihestunden

Am 20. Juli 1936 um zwölf Uhr mittags wird das olympische Feuer in den Ruinen des antiken Olympia in Griechenland entzündet. Die Fackel wird von mehr als 3000 Läufern in zwölf Tagen und elf Nächten durch sieben Länder nach Berlin getragen. Die Strecke beträgt 3187 km.

Als die Läufer am 29. Juli Wien ereichen, kommt es zu ernsten Störungen. Die Feierlichkeiten werden von österreichischen Nationalsozialisten unterbrochen, die den Anschluß Österreichs an das Deutsche Reich fordern. In zahlreichen Städten finden Feste und Weihestunden statt. Weniger im Sinn der nationalsozialistischen Propaganda sind die Proteste in der Tschechoslowakei. Hier sorgt das offizielle Plakat des Laufes, das auf einer Europakarte die sudetendeutschen Gebiete dem Deutschen Reich zuschlägt, für Aufregung.

Am 31. Juli erreicht die Staffel Deutschland und am folgenden Tag Berlin. Vor 40000 SA-Männern und zahlreichen Zuschauern halten Reichspropagandaminister Goebbels, Reichsjugendführer von Schirach und Reichssportführer von Tschammer und Osten Reden zur Verherrlichung des NS-Regimes. Letzter Läufer ist Fritz Schilgen, deutscher Meister über 1500 m im Jahre 1931. Schilgen gehört nicht der Olympiamannschaft an. Er wird von der Regisseurin Leni Riefenstahl als Schlußläufer des Fackellaufes vorgeschlagen, weil sein Körper das Ideal des germanischen Athleten im Olympiafilm optimal zur Geltung bringen soll.

Grenzen mit Gewalt zu verändern, und respektiere die staatliche Existenz der polnischen Nation. Die Danziger Nationalsozialisten erhalten die Anweisung, sich ruhig zu verhalten.

Dieser Schachzug, der am 24. Januar 1934 zum Abschluß eines deutsch-polnischen Nichtangriffspakts führen sollte, war für die Zeitgenossen die vielleicht verwirrendste Rochade. Wenn es so etwas wie einen Weimarer Konsens in der Außenpolitik gegeben hatte, dann waren es die Revisionsforderungen gegenüber Polen. Selbst die Kommunisten hatten von Zeit zu Zeit gegen den »polnischen Imperialismus« gewettert. Daß Hitler ausgerechnet den Ausgleich mit Polen suchte, hat dazu geführt, daß die einen ihm die Friedensbemühungen tatsächlich abnahmen und andere seine Außenpolitik überhaupt nicht mehr verstanden.

Weniger erfolgreich ist Hitler 1933/34 mit seiner österreichischen Politik, auch deshalb, weil der großdeutsche Traum vom Anschluß der »Heimat des Führers« ihn dazu verleitet hat, hier zu früh auf im engeren Sinn »nationalsozialistische« Optionen in der Außenpolitik zu setzen. Auf die erhebliche propagandistische, politische und finanzielle Unterstützung der österreichischen Nationalsozialisten durch das Reich reagiert das mit Italien verbündete autoritäre Dollfuß-Regime in Wien mit Protesten, denen sich auch Mussolini und die Regierungen Frankreichs und Englands anschließen. Hitler antwortet darauf, indem er auf jede Ausreise eines deutschen Staatsbürgers von Deutschland nach Österreich eine Gebühr von 1000 Reichsmark erhebt, was faktisch zum Erliegen des Reiseverkehrs führt. Dollfuß führt im Gegenzug den Visumszwang für reichsdeutsche Staatsbürger ein. Die Eiszeit, die nun zwischen beiden Ländern beginnt, kulminiert in einem Putschversuch der Nazis Ende Juli 1934, in dessen Verlauf Dollfuß ermordet wird. Erst als Mussolini Truppen am Brenner auffahren läßt, erkennt Hitler, daß die österreichische Sache einstweilen so nicht zu gewinnen ist.

Österreich ist nicht das einzige Feld, auf dem sich, trotz der »Friedensrede« vom Mai 1933, sehr schnell ein neuer, aggressiver Stil in der Außenpolitik bemerkbar macht. Selbst wenn Goebbels auf der internationalen Abrüstungskonferenz in Genf im September die internationale Presse im Hotel *Carlton* noch einmal davon überzeugen kann, die Behauptung, Deutschland bereite eine spätere Expansionspolitik vor, sei »grotesk«, schließlich sei das ganze Aufbauwerk der deutschen Regierung »von dem Geiste des Friedens getragen«, werden die kritischen Stimmen lauter, als Hitler am 14. Oktober überraschend den Austritt des Deutschen Reichs aus dem Völkerbund verkündet. Hatte Goebbels während der Pressekonferenz im *Carlton* bei Vertretern der Pariser Presse noch die Illusion entstehen lassen, er rede »wie einst Stresemann«, so ist spätestens jetzt jedem klar, daß Hitlers Deutschland seine eigenen Wege gehen wird, insbesondere auch auf dem Gebiet der militärischen Aufrüstung.

Innenpolitisch trägt der Schritt nicht unerheblich zur Konsolidierung des Regimes bei. In einem mit Reichstagswahlen verbundenen Plebiszit über den Austritt am 12. November 1933 beträgt die Zustimmung nach offiziellen Angaben über 95 Prozent.

Der Austritt aus dem Völkerbund führt zwar zu einer internationalen Isolierung des Regimes, doch Hitler gelingt es durch Beschwichtigungen, bilaterale Verträge und geschickte Propaganda, wieder in die Offensive zu gehen. Der deutsch-polnische Nichtangriffspakt ist ein erster Schritt. Ihm folgt am 18. Juni 1935 das von dem britischen Außenminister Samuel Hoare und dem deutschen Sonderbeauftragten für Abrüstungsfragen Joachim von Ribbentrop unterzeichnete »deutsch-britische Flottenabkommen«, in dem das Stärkeverhältnis der deutschen und britischen Seestreitkräfte auf insgesamt 35 zu 100 festgelegt wird. Nur bei U-Booten sollte eine Parität erlaubt sein.

Einer der rund 1,5 Millionen Kriegsversehrten, die der Erste Weltkrieg hinterlassen hat, sammelt 1936 in Aschaffenburg für das Winterhilfswerk. In der Euthanasieaktion T4 werden im September 1939 Kriegsversehrte ebenso wie Alterskranke von der Meldepflicht für alle Patienten, die an schweren Krankheiten und Schwachsinn leiden und nicht oder nur mit mechanischen Arbeiten beschäftigt werden können, ausgenommen.

Da Hitler sich bereits in seiner »Kampfzeit« auf eine »Raumpolitik« im Osten festgelegt hatte, fiel ihm dieser scheinbare Verzicht um so leichter, als dadurch, wie er im zweiten Band von *Mein Kampf* schrieb, »die Verpflichtung zu einer Seemacht in den Hintergrund« tritt. Hitler war nicht der kaiserliche Admiral Tirpitz, aber auf dem Hintergrund der von diesem angeheizten Flottenrivalität, die nicht unwesentlich zum Ausbruch des Ersten Weltkriegs beigetragen hatte, konnte man in London schnell der Illusion erliegen, dieser erste Akt der Appeasement-Politik habe den Frieden in Europa sicherer gemacht. Die Tatsache, daß die Briten lange Zeit die Besonderheit des Naziregimes nicht zur Kenntnis nehmen wollten und in ihm eine lineare Fortsetzung des ihnen bekannten wilhelminischen Deutschland erblickten, hat sich verhängnisvoll ausgewirkt und Hitler nicht unwesentlich in die Hände gespielt.

Das deutsch-britische Flottenabkommen stellte einen klaren Bruch des Versailler Vertrags dar (und ermöglichte die Aufrüstung der deutschen Flotte, insbesondere der U-Boot-Waffe), was für Hitler ein weiteres Argument war, es als Etappensieg zu bewerten. Für Großbritannien war von

Die braunen Weltspiele: 33 x Gold für Deutschland

Adolf Hitler beglückwünscht die Gewinnerin der Goldmedaille im Speerwerfen der Damen, Tilly Fleischer.

Im Sommer 1936 wogt über Berlin ein Meer von Hakenkreuzfahnen. Nachdem das Internationale Olympische Komitee (IOC) der deutschen Bewerbung 1931 den Zuschlag gegeben hat, wollen die Nationalsozialisten der Welt jetzt ein neues Deutschland präsentieren. Alle antisemitischen Parolen verschwinden aus dem Stadtbild. Um einen amerikanischen Boykott der Spiele zu verhindern, hatte Deutschland sich gegenüber dem IOC verpflichten müssen, deutsche Juden nicht von den Spielen auszuschließen.

Als Adolf Hitler die Spiele am 1. August 1936 im Berliner Olympia-Stadion feierlich eröffnet, sehen die angereisten Offiziellen und Journalisten eine perfekte Inszenierung. Das Interesse ist riesig und der propagandistische Erfolg überwältigend. Drei Millionen nationale und internationale Besucher kommen in die Stadt, und die meisten internationalen Journalisten äußern sich positiv.

Deutschland stellt die größte Olympia-Mannschaft und setzt sich zum ersten Mal an die Spitze der Medaillenränge. Mit 33 Gold-, 26 Silber- und 30 Bronzemedaillen gewinnen die insgesamt 406 deutschen Athleten die Nationenwertung vor den USA (24 Gold-, 20 Silber- und 12 Bronzemedaillen). Die deutschen Athleten schneiden besonders in den »deutschen Sportarten« - Turnen und Leichtathletik, im Rudern, im Rad- und Pferdesport gut ab. Auch im Feldhandball, der in Deutschland besonders beliebt und nur 1936 als olympische Disziplin anerkannt ist, gewinnt die deutsche Mannschaft Gold. Publikumsliebling ist allerdings der schwarze US-Amerikaner Jesse Owens mit vier Goldmedaillen. Hitler gratuliert ihm nicht. Aber Hitler beglückwünscht überhaupt keinen Sieger mehr, nachdem er am ersten Tag nur die deutschen Gewinner empfangen hat und das Olympische Komitee ihn zurechtweist, niemandem oder allen seine Anerkennung auszusprechen.

Bedeutung, daß mit dem bilateralen Vertrag Deutschland erstmals seit Ende des Ersten Weltkriegs in ein Rüstungsabkommen eingebunden war. Doch schon die Ankündigung Hitlers im Vorfeld der Vertragsunterzeichnung, daß Deutschland bereits eine neue Luftwaffe besitze, die ihm laut Versailler Vertrag untersagt war, spätestens aber seine Weigerung, analog zum Flottenabkommen auch ein Luftwaffenabkommen zu unterzeichnen, hätte in Downing Street Skepsis gegenüber der eingeschlagenen Appeasement-Politik hervorrufen müssen. Am 16. März hatte Hitler zudem die allgemeine Wehrpflicht verkündet und offiziell bekanntgegeben, er denke nicht mehr daran, sich an die Bestimmungen des Versailler Vertrags zu halten. Statt der 1919 festgelegten Stärke von 100 000 Mann solle die Wehrmacht nun zügig auf eine Friedensstärke von 36 Divisionen oder 550 000 Mann ausgebaut werden.

Ein Banner mit den Symbolen der beiden verbündeten Diktaturen. Deutschland und Italien einigen sich in der schwierigen Südtirolfrage. Im Juni 1939 werden die deutschsprachigen Südtiroler vor die Wahl gestellt, für die deutsche Staatsbürgerschaft zu optieren und auf deutsches Reichsgebiet umzusiedeln, oder sich für die Beibehaltung der italienischen Staatsbürgerschaft zu entscheiden. Rund 86 Prozent wollen aussiedeln. Bis 1942 verlassen von 213 000 Südtirolern, die für Deutschland optiert haben, nur etwa 75 000 tatsächlich das Land.

Zwei andere Ereignisse haben in diesem Jahr dazu beigetragen, Hitlers internationale Position zu stärken. Zum einen war die laut Versailler Vertrag für den 13. Januar 1935 vorgesehene Volksabstimmung an der Saar unter Aufsicht des Völkerbunds mit 91 Prozent Zustimmung zum Anschluß an das Deutsche Reich geradezu triumphal verlaufen. Zum anderen hatte Mussolini seine Augen auf das Völkerbundsmitglied Äthiopien geworfen und dort mit dem Einmarsch italienischer Truppen Anfang Oktober einen spätkolonialen Eroberungsfeldzug begonnen.

Es war der erste faschistische Krieg überhaupt, in dem Mussolini auch vor dem Einsatz von Giftgas und Brandbomben gegen die Zivilbevölkerung nicht zurückschreckte, und in dem seine Parteiarmee durch standrechtliche Erschießungen und die Einrichtung von Konzentrationslagern das Land mit einem offen rassistisch begründeten Terror überzog. Bereits am

7. Oktober 1935 wird das Italien des *Duce del fascismo* vom Völkerbund eindeutig als Aggressor gebrandmarkt und wirtschaftlichen Sanktionen unterworfen.

Für Hitler, der noch im Sommer 1935 unter strengster Geheimhaltung Haile Selassie, den äthiopischen Negus (Kaiser), mit Waffen beliefert hatte, ist das eine einzigartige Gelegenheit, das seit der Österreich-Krise bestehende Zerwürfnis mit Italien wieder zu reparieren. Rohstoffe, die den Völkerbundsanktionen unterliegen, werden Rom nun aus Deutschland geliefert. Neben den wirtschaftlichen Vorteilen, die das mit sich bringt, ist damit auch Mussolini, den Hitler immer bewunderte, endgültig aus der gemeinsamen Front mit England und Frankreich ausgebrochen. Er wird auf Hitlers Seite gezogen, eine Entwicklung, die 1936 zur Achse Rom-Berlin führen wird.

Hitler in der Offensive

Die Unterzeichnerstaaten des Vertrags von Locarno, der unter anderem eine Entmilitarisierung des Rheinlands vorsah, sind durch Mussolinis Äthiopienabenteuer untereinander gespalten und handlungsunfähig geworden. Alle Welt ist mit dem Konflikt in Afrika beschäftigt, als Hitler den Entschluß faßt, das Locarno-Abkommen für ungültig zu erklären und ins Rheinland einzumarschieren. Ursprünglich hatte er das erst für das Frühjahr 1937 geplant, wenn seine Rüstungsanstrengungen es ihm gestatten würden, aus einer Position der Stärke heraus zu agieren.

Doch obwohl »Deutschland militärisch noch nicht so weit« ist, wie er Ulrich von Hassell, dem deutschen Botschafter in Rom, zu verstehen gibt, bietet sich in seinen Augen mit der Äthiopienkrise eine psychologisch einmalige Gelegenheit zu dieser ersten Offensive. Der französischen Regierung wird in einer diplomatischen Note mitgeteilt, durch die Abschlüsse von Bündnisverträgen mit der Sowjetunion und der Tschechoslowakei habe sie eindeutig das Locarnoabkommen verletzt und Deutschland gezwungen, aus Gründen der Notwehr die volle Souveränität über das Rheinland wieder zu beanspruchen.

Am 7. März 1936 überquert ein Kontingent der Wehrmacht von nur 22 000 Soldaten die Rheinbrücken und errichtet Garnisonen in Aachen, Trier und Saarbrücken. Die Besetzung war äußerst gefährlich, denn eine militärische Gegenaktion der Westmächte hätte die deutschen Truppen sofort zum Rückzug gezwungen. Doch Mussolini hatte bereits im Vorfeld zugesichert, sich nicht an internationalen Aktionen gegen Deutschland zu beteiligen. Der französische Generalstabschef Gamelin ist wie gelähmt.

Er hatte die deutschen Truppen auf eine Viertelmillion geschätzt und behauptet, dagegen könne man nur mit einer allgemeinen Mobilmachung vorgehen, die aber wegen der innenpolitischen Spannungen in Frankreich zu diesem Zeitpunkt niemand riskieren will. Es bleibt also bei Verbalnoten. Hitler seinerseits erklärt, um die Franzosen und Briten zu beschwichtigen, noch am Tag des Einmarschs mit Bezug auf Elsaß-Lothringen, er habe keinerlei Gebietsforderungen gegen Frankreich.

Hitlers riskante Aktion im Rheinland besiegelt den Zusammenbruch der europäischen Friedensordnung von Versailles. Darüber hinaus wird jedem in Europa plötzlich schlagartig die militärische Schwäche Frankreichs und der ausschließlich defensive Charakter seiner strategischen Konzeption bewußt, was im Fall Belgiens sogar zu einem Ausbruch aus der gemeinsamen Front mit Frankreich führt. Die Belgier hatten sich 1920 und zuletzt 1935 dazu verpflichtet, die Maginot-Linie bis nach Belgien hinein zu verlängern. Doch König Leopold bemüht sich nun um eine Auflösung des Vertrags und die Wiederaufnahme des alten belgischen Neutralitätskurses. Im Kriegsjahr 1940 wird Hitler diese Entscheidung sehr zu Nutzen kommen. Zwischen den Olympi-

7. März 1936: Wehrmachtseinheiten überqueren die Rheinbrücke bei Worms und besetzen die bis dahin entmilitarisierten linksrheinischen Gebiete. Der riskante Überraschungscoup gelingt. Es ist Hitlers erster großer Angriff auf das System von Versailles.

schen Winterspielen in Garmisch-Partenkirchen und den Sommerspielen in Berlin hatte die Besetzung des Rheinlands stattgefunden. »Ich gehe mit traumwandlerischer Sicherheit den Weg, den mich die Vorsehung gehen läßt«, hatte Hitler eine Woche nach dem Rheinlandcoup über sich selbst gesagt und damit zu verstehen gegeben, daß er langsam selbst an den Mythos, den er und sein Propagandachef um die Person des »Führers« aufgebaut hatten, zu glauben begann. Während der Olympischen Sommerspiele kann er sich in dieser Rolle sogar einer internationalen Öffentlichkeit gegenüber wirkungsvoll in Szene setzen.

»Wären die Franzosen damals ins Rheinland eingerückt«, gibt er später zu, »dann hätten wir uns mit Schimpf und Schande zurückziehen müssen.« Aber sie hatten es nicht getan, und damit indirekt sogar Mussolini den Mut gegeben, Äthiopien formell zu annektieren. Ermuntert durch Hitlers Rheinlandcoup hatte er damit dem Völkerbund zu verstehen gegeben, daß er ihn für einen harmlosen Papiertiger hält. Ein Anlaß zu einer gemeinsamen Aktion von Deutschen und Italienern sollte sich bald durch den Ausbruch des Spanischen Bürgerkriegs bieten.

Am 17. Juli 1936 ist in Spanisch-Marokko eine lange geplante Revolte gegen die spanische Volksfrontregierung unter Manuel Azaña y Diaz ausgebrochen, die sich unter der Führung des autoritär-konservativen General Francisco Franco schnell zu einem Bürgerkrieg ausweitet. Als am 20. Juli die legitime Regierung die Mobilmachung verkündet und Waffen an die Bevölkerung verteilt, scheint der Putsch bereits gescheitert. Hitlers Entschluß, einer angereisten Delegation von Franco-Anhängern am Abend des 25. Juli 1936 nach einer »Siegfried«-Aufführung in Bayreuth spontan seine Hilfe zuzusagen, und Mussolinis Traum, durch eine Intervention in Spanien zur beherrschenden Macht im Mittelmeer emporzusteigen und dort die Briten auszubooten, haben Franco vor einem frühen Untergang bewahrt. Mussolini faßt seinen Entschluß einen Tag später als Hitler, ohne daß sich beide dabei konsultiert hätten. Francos Truppen wären jedoch ohne die Junkers Ju 52 der Luftwaffe gar nicht bis nach Spanien gekommen.

Doch das Engagement auf einem gemeinsamen Kriegsschauplatz mußte jetzt zwangsläufig zu engeren Kontakten zwischen Berlin und Rom führen. Im Oktober macht Hitler die Tür weit auf, als er in Berchtesgaden dem italienischen Außenminister Graf Ciano gegenüber Mussolini als den »ersten Staatsmann der Welt« feiert. Der *Duce del fascismo* revanchiert sich, als er kurz darauf, am 1. November, auf dem Mailänder Domplatz von einer »Achse Berlin-Rom« spricht, »um die herum all jene europäischen Staaten sich bewegen können, die den Willen zur Zusammenarbeit und zum Frieden besitzen«. Mussolini hatte schon immer von einer faschistischen Internationale geträumt, der er nun anscheinend einen Schritt nähergekommen war. Seine staatsbezogene politische Philosophie machte ihm das leichter als Hitler, dessen »völkisches« Konzept wesentlich exklusiver war, und der, unter anderem aus »völkischen« Gründen, sich immer England näher fühlte als Italien. Für Hitler war die »Achse« keine wirkliche Alternative zu dem von ihm angestrebten Bündnis mit England, doch sie wird die tragende Allianz des Zweiten Weltkriegs werden, in dem sich die Briten eindeutig auf der Seite jener wiederfinden, die ein Europa der Diktatoren unter Hitlers Führung um jeden Preis verhindern wollen. Keine Appeasement-Politik und auch nicht der operettenhafte Besuch des als Herzog von Windsor demissionierten Königs Eduard VIII. auf dem Berchtesgadener Berghof 1937 kann das verhindern.

Als Italien zudem im November 1937 dem zwischen Japan und dem Deutschen Reich Ende 1936 vereinbarten Antikominternpakt beitritt, erhält dieser dadurch eine deutlich antiwestliche und antibritische Ausrichtung. Die sich herausbildende Achse Berlin-Rom-Tokio dokumentiert zudem einen globalen Anspruch. »Deutschland ist heute«, hatte Hitler bereits Ende Februar 1937 im Münchner Hofbräuhaus verkündet, »wieder eine Weltmacht geworden.«

Jungmädel des Untergaus Spessart 1938. Ab dem 10. Lebensjahr sind Jugendliche im Deutschen Jungvolk organisiert und werden dort im Sinne des Führerstaats erzogen.

Expansionspolitik

Der Schritt über die Grenzen ist jetzt bestens vorbereitet. Mussolini hatte Ulrich von Hassell, dem deutschen Botschafter in Rom, bereits im Januar 1936 zu verstehen gegeben, er habe nichts mehr dagegen einzuwenden, daß Österreich ein deutscher Satellitenstaat werde, und Lord Halifax hatte Hitler Ende 1937 versichert, die Briten würden einer friedlichen Lösung der Österreich-Frage nicht im Wege stehen. Anfang 1938 nimmt Hitler ein großes Revirement in den Führungsstäben vor. Außenminister Neurath wird durch den Nationalsozialisten Joachim von Ribbentrop ersetzt, Kriegsminister Blomberg und von Fritsch, der Befehlshaber des Heeres, werden durch Intrigen gestürzt. Hitler selbst wird zum Oberbefehlshaber der Wehrmacht und hat damit auch den letzten Posten in der Hand, der ihm noch zur totalen Herrschaft fehlte. Jetzt kann er ohne Rücksicht auf konservative Bedenken auch militärisch so vorgehen, wie es ihm ins Konzept paßt.

Daß Österreich als erstes an der Reihe sein würde, mußte die Wiener Politik bereits Anfang November 1937 erfahren, als Göring während eines Treffens auf Carinhall eine Landkarte ausbreitete, auf der alle Grenzen verschwunden

Altmaterialsammlung des Deutschen Jungvolks in Worms 1937. Deutschland soll – ein Schritt zur Kriegsvorbereitung – so weit wie möglich von Rohstoffeinfuhren unabhängig werden.

Musterung des Jahrgangs 1916 in der Kreisstadt Vechta, Land Oldenburg, 1936. Mit der Wiedereinführung der Wehrpflicht hat sich Hitler ein weiteres Mal über internationale Verträge hinweggesetzt. Er will in kürzester Zeit eine bis dahin ungesehene Kriegsmaschinerie aufbauen. In drei Jahren beginnt der Krieg, von dessen naher Zukunft die Wormser Familie (rechts) vermutlich noch keine Vorstellung hat.

waren. Als Kanzler Schuschnigg am 12. Februar 1938 regelrecht auf den Berghof zitiert wird, beginnt die Sache ernst zu werden. Die ganze Geschichte Österreichs, hält ihm da der selbst aus Österreich stammende »Führer« in einer Suada entgegen, sei nichts als »ein ununterbrochener Volksverrat«. Das sei früher nicht anders gewesen als heute. »Aber dieser geschichtliche Wahnsinn muß endlich sein längst fälliges Ende finden«, diktiert Hitler weiter: »Und das sage ich Ihnen, Herr Schuschnigg: Ich bin fest entschlossen, mit dem allen ein Ende zu machen.« Schuschnigg wird an diesem Tag gezwungen, die österreichische Nazipartei zu legalisieren und Nationalsozialisten wie Arthur Seiß-Inquart in die Regierung mit aufzunehmen.

Doch es dauert noch fast einen Monat, bis Hitler die Weisung für das »Unternehmen Otto« erläßt. Am 13. März verkündet er in der Wiener Hofburg »den Eintritt meiner Heimat in das Deutsche Reich«. Viele europäische Zeitgenossen sehen in dem »Anschluß« Österreichs lediglich den Abschluß der mit der Besetzung des Rheinlands begonnenen Revisionspolitik

und sprechen Hitler sogar ein gewisses Recht zu, damit die Unausgewogenheiten des Versailler Systems korrigiert zu haben. Doch in Wirklichkeit war es, wie der Historiker Karl Dietrich Bracher zutreffend vermerkt, der Beginn einer Expansion.

»Schon Hitlers nächster Schritt«, so Bracher, »die Einverleibung des Sudetenlandes, war Beweis dafür; er konnte noch an ethnisch-nationale, nicht aber an die revanchistische Ideologie anknüpfen und enthielt im Kern bereits Hitlers ›unabänderlichen Entschluß‹ vom 30. Mai 1938, ›die Tschechoslowakei in absehbarer Zeit durch eine militärische Aktion zu zerschlagen‹«.

Seit dem »Anschluß« Österreichs im März 1938 grenzt fast die gesamte Tschechoslowakei an das Deutsche Reich. Für Hitler ist sie nichts als »ein großer französischer Flugzeugträger mitten in Europa«, der zudem noch gute Beziehungen zur Sowjetunion unterhielt und den man als nächstes unter deutsche Kontrolle bringen mußte. Noch im März beginnt er mit den Vorbereitungen zu einer gewaltsamen »Lösung« der tschechoslowakischen Frage. Die ständigen Nationalitätenkonflikte, die sich innerhalb der Tschechoslowakei aus der Benachteiligung der rund drei Millionen Sudetendeutschen seit der Staatsgründung am 28. Oktober 1918 ergaben, sind ihm dabei ein willkommener Vorwand.

Konrad Henlein, den Führer der einflußreichen, den Nazis nahestehenden Sudetendeutschen Partei, weist er im März an, die tschechoslowakische Regierung mit maximalistischen Forderungen unter Druck zu setzen, die von keiner Regierung erfüllt werden können. Henlein hatte nicht ohne Geschick zu dieser Zeit auch in England unter Berufung auf das Selbstbestimmungsrecht der Völker für die Sache der Sudetendeutschen geworben, so daß die britische Regierung das Sudetengebiet eigentlich bereits abgeschrieben hatte, als Hitler die Parole zur künstlichen Verschärfung der Krise ausgab und seinerseits die Abtretung des Sudetengebiets an das Deutsche Reich forderte.

Am 20. Mai macht die Tschechoslowakei in der fälschlichen Erwartung eines unmittelbar bevorstehenden deutschen Angriffs mobil. Für einen Moment sieht es so aus, als ob Hitler, der ein Eingreifen der Westmächte in einen möglichen Konflikt fürchtet, zurückschreckt, doch in Wirklichkeit ist ihm die Krise nur Anlaß, um vor den militärischen und außenpolitischen Führungskräften des Reichs am 28. Mai eine gründliche Vorbereitung »zu einer späteren Lösung der Tschechei-Frage unter größtem Nachdruck« zu fordern, einschließlich des Konzepts für einen Blitzkrieg, mit dem alles in den ersten vier Tagen entschieden werden könnte, bevor die Westmächte handlungsfähig werden und eine europäische Krise auslösen könnten.

Gebietserweiterungen des Deutschen Reiches 1935 bis 1939

Das Deutsche Reich wächst nach der »Machtergreifung« Hitlers bis zum Zweiten Weltkrieg in der Fläche um 35 Prozent, in der Einwohnerzahl um mehr als 20 Prozent.

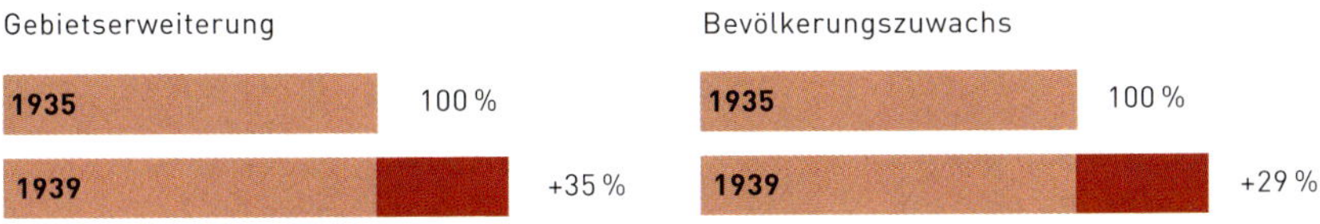

Gebietserweiterungen	Fläche in km	in %	Bevölkerung 1939	in %	ehemals	Jahr
Deutsches Reich 1935	468 787	**100,0 %**	62 411 000	**100,0**		
Saarland	1 924	0,4 %	842 454	1,3 %	Mandat Völkerbund	1935
»Reichsgau« Wien	1 219		1 929 976		Österreich	1938
»Reichsgau« Niederdonau	23 535		1 697 676		Österreich	1938
»Reichsgau« Oberdonau	14 237		1 034 871		Österreich	1938
»Reichsgau« Steiermark	17 388		1 116 407		Österreich	1938
»Reichsgau« Kärnten	11 555		449 713		Österreich	1938
»Reichsgau« Salzburg	7 153		257 226		Österreich	1938
»Reichsgau« Tirol mit Vorarlberg	13 125		486 400		Österreich	1938
Österreich	88 211	18,8 %	6 972 269	11,2 %		
»Reichsgau« Sudetenland	22 587	4,8 %	2 943 187	4,7 %	Tschechoslowakei	1938
Protektorat Böhmen und Mähren	48 925	10,4 %	7 380 000*	11,8 %	Tschechoslowakei	1939
Memelland	2 416	0,5 %	154 694	0,2 %	Litauen	1939
Deutsches Reich 1939	632 850	**135,0 %**	80 703 604	**129,3 %**		

*geschätzt Juni 1940

Quelle: Statistisches Jahrbuch Deutsches Reich

Bekanntlich sind Hitlers Pläne, seine europäischen Nachbarn so frühzeitig mit dem neuen Konzept des Blitzkriegs zu überraschen, an der britischen Appeasement-Politik und der Intervention seines Freundes Mussolini, die zum »Münchner Abkommen« führen sollte, vorerst gescheitert. Die Londoner *Times* war jedenfalls bereits am 7. September 1938 so weit, die Abtretung des Sudetengebiets an das Reich vorzuschlagen, bevor der britische Premier Neville Chamberlain am 15. und 22. September in Berchtesgaden und im Rheinhotel Dreesen in Bad Godesberg zweimal mit Hitler zusammentraf, nur um sich jedesmal weiter verschärfte Forderungen anhören zu müssen, denen er nichts entgegenzusetzen hatte. Zuletzt hatte Hitler ihm zu verstehen gegeben, daß die in Berchtesgaden getroffe-

Der Weg zum
Großdeutschen Reich
Dänemark
Deutsches Reichsgebiet
Niederlande
Belgien
Entmilitarisiertes
Rheinland
Sudetenland
Luxemburg
Saargebiet
Frankreich
Schweiz
Italien

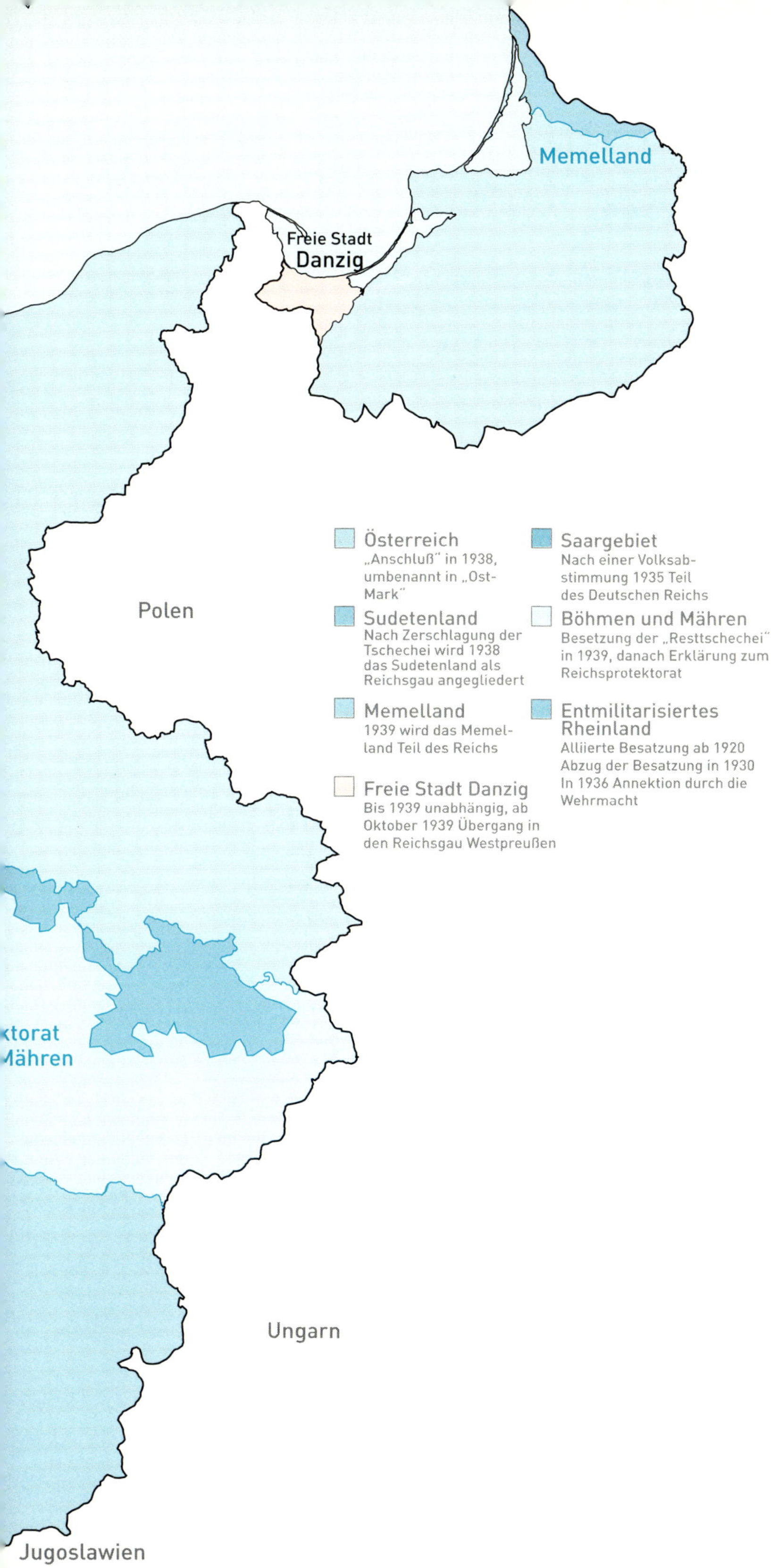
Memelland
Freie Stadt
Danzig
Polen
ktorat
Mähren
Ungarn
Jugoslawien
Österreich
„Anschluß" in 1938, umbenannt in „Ost-Mark"
Saargebiet
Nach einer Volksabstimmung 1935 Teil des Deutschen Reichs
Sudetenland
Nach Zerschlagung der Tschechei wird 1938 das Sudetenland als Reichsgau angegliedert
Böhmen und Mähren
Besetzung der „Resttschechei" in 1939, danach Erklärung zum Reichsprotektorat
Memelland
1939 wird das Memelland Teil des Reichs
Entmilitarisiertes Rheinland
Alliierte Besatzung ab 1920 Abzug der Besatzung in 1930 In 1936 Annektion durch die Wehrmacht
Freie Stadt Danzig
Bis 1939 unabhängig, ab Oktober 1939 Übergang in den Reichsgau Westpreußen

Ordnungsdienst der Sudetendeutschen Partei bewacht am 24. September 1939 die Zufahrtsstraßen zur Stadt Asch im böhmischen Vogtland. Mitglieder der Sudetendeutschen Partei haben drei Tage vor dem Münchener Abkommen die tschechoslowakischen Beamten des Städtchens verhaftet und den Ort unter eine »Sudetendeutsche Verwaltung« gestellt. In sieben Tagen wird die Wehrmacht einmarschieren.

ne Übereinkunft, die Grenzen der Resttschechoslowakei durch internationale Verträge zu garantieren, so »nicht aufrechterhalten werden könne«.

Die Verhandlungen drohen zu platzen, als Mussolini am 28. September den gordischen Knoten durchschlägt und für den nächsten Tag eine Konferenz mit ihm, Hitler, Daladier und Chamberlain in München einberufen wird. Doch in München wird nicht wirklich verhandelt. Aus Furcht vor einem europäischen Krieg akzeptieren Franzosen und Briten mehr oder weniger alles, was Hitler von ihnen verlangt. Selbst Daladier, der noch wenige Tage zuvor den Briten die Nachricht hatte zukommen lassen, er werde es auf keinen Fall zulassen, daß »ein Volk stranguliert wird«, lenkt ein. Am 1. Oktober besetzen deutsche Truppen das Sudetengebiet.

Als die Bestimmungen des Münchner Abkommens bekanntwerden, findet der britische Labour-Führer Clement Attlee dazu allerdings deutliche

Der Anschluß Österreichs: Egon Friedells Sprung in den Tod

Am 16. März 1938 springt der österreichische Schriftsteller Egon Friedell aus Angst vor der Verhaftung durch die SA aus dem Fenster seiner Wohnung in der Gentzgasse in Wien-Währing in den Tod. Er ist eines der ersten Opfer, nachdem am Vortag Hunderttausende Menschen den triumphalen Auftritt Hitlers auf dem Wiener Heldenplatz bejubelt haben.

Der 1878 geborene Egon Friedell ist das dritte Kind des jüdischen Tuchfabrikanten Moriz Friedmann und seiner Ehefrau Caroline. 1887 wird die Ehe gelöst, der Vater stirbt vier Jahre später. Der junge Egon wohnt bei seiner Tante, besucht mehrere Gymnasien und legt erst im vierten Anlauf die Matura (Abitur) ab. Ab 1900 studiert er Philosophie in Wien und promoviert mit einer Dissertation über »Novalis als Philosoph«. Danach schreibt Friedell Feuilletons, Theaterkritiken, Beiträge für die Fackel *von Karl Kraus und die Berliner* Schaubühne *von Siegfried Jacobsohn.*

Der wortmächtige Karl Kraus begeistert ihn für das Theater. Friedell beginnt als Kabarettist, ist zwischen 1924 und 1929 Ensemblemitglied von Max Reinhardts Theater in der Josefstadt und schreibt in dieser Zeit seine ebenso eigenwillige wie bis heute vielgelesene Kulturgeschichte der Neuzeit *(1927-1931).*

Von den Nazis hält er nichts. Seinem Freund Ödön von Horváth schreibt er: »Jedenfalls bin ich immer in jedem Sinne reisefertig.« Aber er zögert zu lange, sein geliebtes Wien zu verlassen. Als er zwei SA-Männer das Haus betreten sieht, in dem er wohnt, setzt der Schriftsteller, den Hilde Spiel eine »berauschende Fiktion des universalen Menschen« nennt, seinem Leben ein Ende.

Jüdische Flüchtlingskinder nach ihrer Ankunft in England im Winter 1938/39. Die Kinder auf dem Bild stammen zum Großteil aus Wien und bleiben bis zu ihrer endgültigen Zuteilung zu Familien in einem Ferienlager.

Worte. »Die Geschehnisse der letzten Tage machen eine der größten diplomatischen Niederlagen perfekt, die dieses Land und Frankreich jemals erlitten haben«, sagt er im Londoner Unterhaus: »Ohne einen Schuß abzufeuern, durch die bloße Zurschaustellung militärischer Kraft, hat Deutschland eine dominierende Stellung in Europa erlangt, wie es sie in vier Jahren Krieg vergeblich zu gewinnen versuchte. Hitler hat die letzte Bastion der Demokratie in Osteuropa zerschlagen, die seinen ehrgeizigen Zielen im Weg stand.«

So war es. Schon drei Wochen nach dem Münchner Abkommen gibt Hitler den Befehl zur »Erledigung der Resttschechei« und bedient sich dabei der Kollaboration slowakischer Nationalisten, denen er einen eigenen Staat verspricht, der sein erster Satellitenstaat in Osteuropa werden sollte. Am 14. März 1939 erklärt die Slowakei ihre Unabhängigkeit. Am 15. März marschiert die Wehrmacht in Prag ein.

Die Appeasement-Politik ist zu Ende, während die Bündnisoptionen in Europa neu sortiert werden. Francos Spanien war nach dem Fall Madrids im Frühjahr 1939 dem Antikominternpakt beigetreten, doch Polen, das die gleiche Aufforderung erhält, zögert. Statt dessen gehen Großbritannien und Frankreich mit Garantieerklärungen an Polen in die Offensive. Italien annektiert Albanien, während das Deutsche Reich kampflos in das Memelland einmarschiert.

Am 28. April kündigt Hitler das deutsch-britische Flottenabkommen und den Nichtangriffspakt mit Polen, um sogleich Forderungen nach Danzig und einer exterritorialen Verbindung durch den Korridor zu erheben. Das ist die Zeit, zu der plötzlich in Moskau, das von den Verhandlungen in München trotz seiner Garantieerklärungen für die Tschechoslowakei ausgeschlossen war und wo inzwischen ein tiefes Mißtrauen gegenüber der Politik der westlichen Demokratien eingekehrt ist, erste Anzeichen einer neuen Haltung gegenüber Hitlers Deutschland erkennbar werden.

Am 5. Mai 1939 ersetzt Stalin seinen bisherigen Außenminister Maxim Litwinow durch Wjatscheslaw Molotow. Das war, meint Winston Churchill später, eines der wichtigsten Signale jener Zeit. »Der bedeutende Jude (Litwinow)«, so Churchill, »das Ziel deutscher Feindseligkeit, wurde zur damaligen Zeit wie ein zerbrochenes Werkzeug weggeworfen. (...) Molotow wurde Kommissar für auswärtige Angelegenheiten in engstem Kontakt mit Stalin. (...) Es gab tatsächlich nur einen Weg, den er vermutlich jetzt beschreiten würde. Er hatte immer etwas für ein Abkommen mit Hitler übriggehabt.« Hitler seinerseits interpretiert diesen Austausch als Schritt der Sowjetunion in Richtung Antisemitismus und russischem Nationalismus, mit dem sich das Land vielleicht einmal von der Herrschaft des »jüdischen Bolschewismus« befreien könne.

Ernst Toller: Der Weg ins Exil

Am 22. Mai 1939 erhängt sich der deutsche Schriftsteller Ernst Toller in einem New Yorker Hotel. Er ist in den zwanziger Jahren einer der bekanntesten Stückeschreiber Deutschlands, der wie viele seiner Kollegen und Freunde das Land verlassen muß.

Wie Tausende seiner Altersgenossen meldet sich der am 1. Dezember 1893 geborene Toller zu Beginn des Ersten Weltkriegs freiwillig zum Kriegsdienst. Als er 1916 nach einer schweren Verwundung als dienstuntauglich entlassen wird, haben ihn die Materialschlachten an der Westfront zum Pazifisten bekehrt. Er nimmt 1918 am Streik der Munitionsarbeiter in München teil und kämpft als Mitglied der jungen USPD für die Novemberrevolution. Nach der Niederlage der Linken verurteilt ihn ein Standgericht zu fünf Jahren Festungshaft, während der er einige seiner wichtigsten Werke schreibt, darunter Masse - Mensch. *Tollers Drama artikuliert das Grunddilemma des revolutionären Umsturzes, und seine Einstellung ist unmißverständlich: »Höre: kein Mensch darf Menschen töten / Um einer Sache willen.«*

Während der Weimarer Republik ist Toller an keine Partei gebunden. Er schreibt für die Weltbühne *und reist häufig ins Ausland. Nach Hitlers »Machtergreifung« wird Toller ausgebürgert. Er emigriert in die USA und bleibt unter den mißtrauischen Augen der amerikanischen Behörden weiter politisch aktiv. Besonders stark engagiert er sich für die Sache der Republikaner im Spanischen Bürgerkrieg. Als 1939 die Regierungen der USA, Frankreichs und Englands die neue Militärdiktatur politisch anerkennen, bricht für Toller eine Welt zusammen. Drei Tage nach der Siegesparade von General Franco in Madrid nimmt Ernst Toller sich das Leben.*

Ernst Toller im bayerischen Festungsgefängnis Niederschönfeld, 1924. Der Schriftsteller ist dort wegen seiner Beteiligung an der Münchener Räterepublik inhaftiert. Seine Wandlung vom Kriegsfreiwilligen 1914 zum radikalen Sozialisten beschreibt eindrücklich sein autobiographisches Buch »Eine Jugend in Deutschland«, die 1933 im Amsterdamer Exilverlag »Querido« erschien. Kurz zuvor hatten die Nazis ihn ausgebürgert.

Adolf Hitler während seiner Fahrt durch das Sudetenland am 3. Oktober 1938 auf dem Marktplatz von Asch im Gespräch mit Konrad Henlein, der von ihm im selben Monat zum Reichskommissar für das Sudetenland ernannt wird.

Konrad Henlein: »Heim ins Reich«

1938 erzwingt Hitler durch massiven politischen Druck den Anschluß des von Sudeten bewohnten Teils der Tschechoslowakei an das Deutsche Reich. Wichtigster sudetendeutscher Agitator dieser Anbindung ist der Politiker Konrad Henlein.

Der Turnlehrer und zum Sportfunktionär aufgestiegene Henlein gründet 1933 die »Sudetendeutsche Heimatfront«, aus der 1935 die »Sudetendeutsche Partei« hervorgeht. Mit finanzieller Unterstützung aus Berlin steigt seine deutschnationale Partei schnell zur zweitstärksten Kraft im Parlament auf, die von der Regierung in Prag Minderheitenschutzgesetze und Selbstverwaltung verlangt.

Hitler fordert Henlein auf, der tschechoslowakischen Regierung immer neue Forderungen zu stellen, die sie unmöglich erfüllen kann, um so eine Krise heraufzubeschwören. Im April 1938 formuliert Henlein im Karlsbader Programm den Willen seiner Partei, die vollständige Autonomie und Selbstverwaltung für die Sudetendeutschen durchzusetzen. Noch weiter unter Druck gerät die Führung in Prag, als Hitler der Regierung flankierend droht, im Falle der Nichterfüllung dieser Forderungen »die Tschechoslowakei in absehbarer Zeit durch eine militärische Aktion zu zerschlagen«. Auf dem Höhepunkt der Krise prägt Henlein in einer Rede die Parole »Heim ins Reich«. Die Strategie hat Erfolg. Das Münchner Abkommen besiegelt am 30. September 1938 die Abtretung des Sudetenlandes an Deutschland.

Henlein wird zum Reichskommissar und ab dem 1. Mai 1939 zum Gauleiter des Sudetenlandes ernannt. Danach verliert Hitler das Interesse an seinem Statthalter, dem auch der Aufstieg zum Reichprotektor von Böhmen und Mähren verwehrt bleibt. Als Henlein im Mai 1945 in US-Gefangenschaft gerät, begeht er zwei Tage nach der deutschen Kapitulation Selbstmord.

Winterhilfswerk 1938/39

174 400 »Opel Olympia« hätten 1938/39 aus den Spenden des Winterhilfswerks bezahlt werden können. Das entspräche heute einem Wert von über 4 Mrd. Euro.

Geldspenden	in Mio. RM
Lohn- und Gehaltspenden	104 976
Firmenspenden	150 172
Eintopfspenden	50 462
Straßensammlungen	64 311
Gau-Veranstaltungen	13 468
Sonstiges	52 921
gesamt	**436 310**

Ehrenamtliche Helfer	1 185 155
Bezahlte Helfer	10 573
Zahl der betreuten Parteien	3 213 775
Zahl der betreuten Personen	7 961 812

Sachspenden	in RM
Kartoffeln	3 882 493
Mehl	366 870
Zucker	84 266
Kohlen, Koks	14 073 665
Frischmilch	1 000 105
Fischkonserven	2 257 767
Mäntel	485 870
Hosen, Jacken	788 648
Kinderwäsche	1 906 785
Schuhe	1 384 713
Decken	126 111
Bettwäsche	335 519
Lebensmittelgutscheine	3 215 914
Bekleidungsgutscheine	4 209 266
Schulspeisungen	26 265 156
Theaterkarten	6 984 675
Weihnachtsbäume	347 015
Spielzeug	1 263 902

Quelle: Statistisches Jahrbuch Deutsches Reich

Schon auf dem 18. Parteitag der KPdSU hatte Stalin am 10. März 1939 Frankreich und England viel heftiger angegriffen als Deutschland. Er warf ihnen vor, die Sowjetunion zu einem Konflikt mit Deutschland zu provozieren, »ohne daß dazu sichtbare Gründe vorliegen«. Während des Parteitags marschiert Hitler in Prag ein, doch die Sowjets protestieren nicht. Statt dessen lassen sie bei den Deutschen nachfragen, was nun aus den Lieferverpflichtungen der Škoda-Werke für Waffen und militärisches Gerät werden solle und ob man die sowjetische Handelsmission in Prag nicht aufrechterhalten und als Abteilung der Berliner Handelsmission weiterführen könne. Am 20. Mai erhält Botschafter Schulenburg in Moskau die Weisung, unverzüglich neue Wirtschaftsgespräche mit der Sowjetunion aufzunehmen.

Am 27. Juni 1939 schreibt Karl Schnurre, der für die deutsche Seite diese Wirtschaftsgespräche führte, in einem geheimen Memorandum an das Reichsaußenministerium: »In Übereinstimmung mit meinen Instruktionen habe ich gestern abend den sowjetischen Geschäftsträger Astachow und Babarin, den Leiter der sowjetischen Handelsvertretung, zu ei-

Ausbildung für den Spähtruppeinsatz bei der 8. Infanterie-Division in Oppeln/Oberschlesien. Drei Bataillone ihres 84. Infanterie-Regiments sind in Gleiwitz stationiert, wo Hitler in der Nacht vom 31. August zum 1. September mit einem fingierten Überfall der SS auf den Sender Gleiwitz-Petersdorf einen Vorwand für den »Polenfeldzug« schafft.

nem Abendessen eingeladen. Die Russen blieben bis halb eins.« Im Separée eines Berliner Restaurants hatte Astachow die Unterredung mit Verweisen auf die enge Zusammenarbeit zwischen Deutschland und der UdSSR eröffnet, die sich mit dem Vertrag von Rapallo und dem Berliner Vertrag von 1926 verbindet. Ostentativ hatte er Tage zuvor den Tag der Deutschen Kunst in München besucht.

Man wolle, so Astachow und Babarin, eine »Wiederversöhnung« einleiten. Diese sei möglich, trotz gewisser Unterschiede in den Weltanschauungen. Und selbst was die Ideologie anbetreffe, hätten Deutschland, Italien und die Sowjetunion etwas gemein, nämlich die Gegnerschaft zu den kapitalistischen Demokratien. Es wäre doch paradox, wenn die Sowjetunion, als ein sozialistischer Staat, sich Seite an Seite mit den westlichen Demokratien stellen würde. In Moskau habe man die Feindschaft des Nationalsozialismus gegenüber der Sowjetunion nie verstanden. Für den Kampf gegen die heimische kommunistische Opposition – die KPD – habe man dagegen immer Verständnis gehabt. Die

Eine Kaserne der 8. Infanterie-Division unmittelbar an der polnischen Grenze in Oberschlesien. Die immer wieder aufgefüllte Division mit ihren zunächst drei Regimentern wird im Polen-, Frankreich- und Rußlandfeldzug eingesetzt und kapituliert bei Kriegsende im Mai 1945 in Mähren als Teil der 1. Panzerarmee.

deutschen Gesprächspartner müßten verstehen, daß die Komintern völlig bedeutungslos geworden sei und daß sich der Bolschewismus mittlerweile an der nationalen russischen Geschichte orientiere. Definitiv habe Stalin die Idee von der Weltrevolution fallengelassen.

Wenig später deutet Ribbentrop Astachow an, man wolle mit Rußland zu einer Übereinkunft über das Schicksal Polens kommen. Das war in der Geschichte immer die Basis des deutsch-russischen Verhältnisses gewesen. Die gemeinsame Front gegen Polen hatte die guten Beziehungen während der gesamten Zeit der Weimarer Republik bestimmt, die erst nach Unterzeichnung des deutsch-polnischen Nichtangriffspakts abgekühlt waren. Doch jetzt war die Zeit gekommen, mit den Russen erneut über eine Teilung Polens zu verhandeln.

Darüber hinaus, so Ribbentrop, der als erklärter Feind Englands diese Wende am entschiedensten unterstützte, sehe er »kein Problem von der Ostsee bis zum Schwarzen Meer, was zwischen uns nicht zu lösen sei«. Ribbentrop hatte sogar mit dem Gedanken gespielt, den ursprünglich gegen

Vereidigung von Angehörigen des Pionierbataillons 15 auf dem Hof der Lagarde-Kaserne in Aschaffenburg am 14. November 1937. Das Bataillon hat an diesem Tag neue Feldzeichen erhalten und durch Fahneneid geweiht. Im August 1944 wird das Bataillon bei Kämpfen in der Südukraine vernichtet werden.

die Sowjetunion gerichteten Antikominternpakt in ein einseitig gegen Großbritannien gerichtetes Bündnis umzuwandeln. Seine große Vision nach dem Sieg Francos war ein gegen England gerichteter Block von »Gibraltar bis Jokohama«.

Am 14. August, nachdem die Sowjetunion in einer Depesche ihre Bereitschaft signalisiert hatte, über den gesamten Komplex ihrer Beziehungen zum Deutschen Reich zu sprechen, telegrafiert Hitler nach Moskau, Deutschland und die Sowjetunion hätten angesichts ihrer Feinde, der westlichen kapitalistischen Demokratien, gemeinsame Interessen, und Ribbentrop kündigt am gleichen Tag an, sich nach Moskau zu begeben.

Stalins persönlichem Eingreifen ist es zu verdanken, daß der von Hitler und Ribbentrop gewünschte Termin zur Vertragsunterzeichung am 23. August eingehalten werden kann. Es ist, als ob die alten Frontstellungen zwischen »Faschisten« und »Antifaschisten« nie existiert hätten. Nachdem man sich über die Aufteilung Polens und die gegenseitigen künftigen Einflußsphären im Baltikum geeinigt hat, sagt Ribbentrop zu Stalin, man werde es noch erleben, daß auch die Sowjetunion eines

Reservisten der Wehrmacht warten auf dem Essener Hauptbahnhof im August 1939 auf den Transport in ihre Garnisonsstandorte. Nach Kriegsbeginn 1939 hat die Wehrmacht knapp 2,75 Millionen Männer unter Waffen.

Tages dem Antikominternpakt beitrete. Und Stalin bringt nach der Unterzeichnung des Vertrags einen Trinkspruch auf Hitler aus: »Ich weiß, wie sehr das deutsche Volk seinen Führer liebt«, so der Generalsekretär der KPdSU, »ich möchte darum auf seine Gesundheit trinken.« Am Tag bevor Deutschland in Polen einmarschiert, sagt Molotow in einer Rede vor dem Obersten Sowjet: »Wir haben aufgehört, Feinde zu sein. Das ist nicht nur in der europäischen Geschichte ein Wendepunkt.« Hitler sagt am 1. September 1939, dem Tag des Kriegsbeginns, daß er das Wort für Wort unterschreiben könne.

Was ihn wirklich bewog, hatte er am 11. August Carl Jacob Burckhardt, dem Hohen Kommissar des Völkerbunds in Danzig, in aller Deutlichkeit zu verstehen gegeben: »Alles, was ich unternehme, ist gegen Rußland gerichtet; wenn der Westen zu dumm und zu blind ist, um dies zu begreifen, werde ich gezwungen sein, mich mit den Russen zu verständigen, den Westen zu zerschlagen, um dann nach seiner Niederlage mich mit meinen versammelten Kräften gegen die Sowjetunion zu wenden.« Diesen Weg hatte er jetzt eingeschlagen.

ANHANG

Verwendete und zitierte Literatur

Bedürftig, Friedemann
Drittes Reich und Zweiter Weltkrieg. *München 2002*

Benz, Wolfgang
Geschichte des Dritten Reiches. *München 2000*

Benz, Wolfgang, Johannes Houwink ten Cate und Gerhard Otto (Hg.)
Anpassung, Kollaboration, Widerstand. *Berlin 1996*

Bloch, Charles
Das Dritte Reich und die Welt. *Paderborn/München/Wien/Zürich 1993*

Bloch, Marc
Die seltsame Niederlage. Frankreich 1940. *Frankfurt/Main 1995*

Blücher, Wipert von
Deutschlands Weg nach Rapallo. *Wiesbaden 1951*

Bracher, Karl Dietrich
Die deutsche Diktatur. *Köln 1993*

Bracher, Karl Dietrich
Die Krise Europas seit 1917. *Frankfurt Berlin 1993*

Brenner, Wolfgang
Walther Rathenau. Deutscher und Jude. *München 2005*

Breuer, Stefan
Anatomie der konservativen Revolution. *Darmstadt 1993*

Burleigh, Michael
Die Zeit des Nationalsozialismus. *Frankfurt/Main 2000*

Carsten, Francis L.
Der Aufstieg des Faschismus in Europa. *Frankfurt/Main 1969*

Craig, Gordon A.
Deutsche Geschichte 1866–1945. *München 1999*

Demandt, Alexander (Hg.)
Das Attentat in der Geschichte. *Köln 1996*

Diner, Dan
Das Jahrhundert verstehen. *Frankfurt/Main 2000*

Fest, Joachim C.
Das Gesicht des Dritten Reiches. *München 2004*

Fröhlich, Michael (Hg.)
Die Weimarer Republik. Portrait einer Epoche in Biographien. *Darmstadt 2002*

Gay, Peter
Die Republik der Außenseiter. Geist und Kultur in der Weimarer Zeit 1918–1933. *Frankfurt/Main 1989*

Haffner, Sebastian
Die deutsche Revolution 1918/19. *Berlin 1979*

Harden, Maximilian
Kaiserpanorama. Literarische und politische Publizistik. *Berlin 1983*

Heer, Hannes
»Hitler war's«. Die Befreiung der Deutschen von ihrer Vergangenheit. *Berlin 2005*

Heer, Hannes
Vom Verschwinden der Täter. *Berlin 2004*

Hirsch, Helmut
Rosa Luxemburg. *Reinbek 2004*

Jäckel, Eberhard
Das deutsche Jahrhundert. *Frankfurt/Main 1999*

Johnson, Eric A.
Der nationalsozialistische Terror. Gestapo, Juden und gewöhnliche Deutsche. *Berlin 2001*

Kershaw, Ian
Der NS-Staat. *Reinbek 1994*

Kershaw, Ian
Hitler, 2 Bde. *München 2002*

Kessler, Harry Graf
Tagebücher 1918–1937. *Frankfurt/Main 1979*

Kochan, Lionel
Russia and the Weimar Republic. *Cambridge 1954*

Koestler, Arthur
Frühe Empörung. *Frankfurt Berlin 1993*

Kolb, Eberhard
Gustav Stresemann. *München 2003*

Lange, Annemarie
Berlin in der Weimarer Republik. *Berlin 1987*

Large, David Clay
Hitlers München. Aufstieg und Fall der Hauptstadt der Bewegung. *München 1998*

Lukacs, John
Hitler. Geschichte und Geschichtsschreibung. *München 1997*

Madrasch-Groschopp, Ursula
Die Weltbühne. Porträt einer Zeitschrift. *Berlin 1983*

Mann, Golo
Deutsche Geschichte des 19. und 20. Jahrhunderts. *Frankfurt/Main 1958*

Mazower, Mark
Der dunkle Kontinent. Europa im 20. Jahrhundert. *Berlin 2000*

Niedhart, Gottfried
Die Außenpolitik der Weimarer Republik. *München 1999*

Noack, Paul
Carl Schmidt. *Berlin Frankfurt 1993*

Nolte, Ernst
Der Faschismus in seiner Epoche. *München 1984*

North, Michael (Hg.)
Deutsche Wirtschaftsgeschichte. *München 2000*

Payne, Stanley
Geschichte des Faschismus. Aufstieg und Fall einer

europäischen Bewegung. *München/Berlin 2001*

Reuth, Ralf Georg
Goebbels. *München 2005*

Reuth, Ralf Georg
Hitler. *München 2003*

Reuth, Ralf Georg (Hg.)
Joseph Goebbels Tagebücher, 5 Bde. *München 1999*

Safranski, Rüdiger
Ein Meister aus Deutschland. Heidegger und seine Zeit. *München 1994*

Schulze, Hagen
Weimar. Deutschland 1917–1933. *Berlin 1982*

Schunck, Peter
Geschichte Frankreichs von Heinrich IV. bis zur Gegenwart. *München/Zürich 1994*

Shirer, William L.
Aufstieg und Fall des Dritten Reiches. *Köln 1961*

Sontheimer, Kurt
Antidemokratisches Denken in der Weimarer Republik. *München 1978*

Steinbach, Peter/Johannes Tuchel (Hg.)
Widerstand gegen die nationalsozialistische Diktatur 1933–1945. *Bonn 2004*

Stern, Joseph Peter
Hitler. Der Führer und das Volk. *München 1981*

Stürmer, Michael
Die Grenzen der Macht. Begegnung der Deutschen mit der Geschichte. *Berlin 1990*

Syring, Enrico
Hitler. Seine politische Utopie. *Frankfurt Berlin 1994*

Thamer, Hans-Ulrich
Verführung und Gewalt. Deutschand 1933–1945. *Berlin 1986*

Troeltsch, Ernst
Die Fehlgeburt einer Republik. *Frankfurt/Main 1994*

Vasold, Manfred
August 1939. Die letzten elf Tage vor Ausbruch des Zweiten Weltkriegs. *Reinbek 2001*

Witt, Peter-Christian
Friedrich Ebert. *Bonn 1982*

Winkler, Heinrich August
Der lange Weg nach Westen, 2 Bde. *München 2000*

Winkler, Heinrich August
Streitfragen der deutschen Geschichte. *München 1997*

Winkler, Heinrich August
Weimar 1918–1933. Die Geschichte der ersten deutschen Demokratie. *München 1993*

Wippermann, Wolfgang
Europäischer Faschismus im Vergleich 1922–1982. *Frankfurt/Main 1985*

Bildnachweis

AdsD d. FES, Archiv der sozialen Demokratie der Friedrich-Ebert-Stiftung 8, 18
Alpines Museum des Deutschen Alpenvereins e.V. (DAV) 114
Akg-images, Archiv für Kunst und Geschichte 32
Bildarchiv der Bayerischen Staatsbibliothek, Fotoarchiv Heinrich Hoffmann 60, 72, 130, 138
Deutsches Historisches Museum, Berlin 23, 39, 44, 50, 57, 64, 67, 73, 78, 79, 80, 83, 100, 131, 139, 141, 142, 144, 162, 165
Deutsches Wehrkundearchiv 17, 25, 29, 31, 68, 98, 168, 169
Dr. August Oetker KG, Unternehmensarchiv 126
Filmmuseum Berlin – Stiftung Deutsche Kinemathek Deutsches Filmmuseum 12
Heimatbibliothek des Heimatbundes für das Oldenburgische Münsterland, Vechta 41, 45, 82, 87, 96, 156
Heimatverein Horneburg und Umgebung e.V. 6
Linde AG, Unternehmensarchiv 122
Norbert Peschke, Zwickau 70, 103, 125
Photo Pippig, Grimma 16, 115
Ruhrlandmuseum Essen 15, 42, 47, 95, 121, 171
SiemensForum, Siemens Aktiengesellschaft, München 13
Stadt- und Stiftsarchiv Aschaffenburg, Bildarchiv Eymann, Aschaffenburg 35, 81, 84, 118, 148, 154, 170
Stadtarchiv Münster 10, 21, 49, 59, 63, 74, 89, 90, 132
Stadtarchiv Worms 20, 27, 76, 88, 93, 97, 101, 105, 113, 116, 119, 127, 128, 136, 152, 155, 157
Steintor: Verlagsgesellschaft, privat 145
Sylt Picture 107
ullstein bild 99, 149, 150, 163, 166
United States Holocaust Memorial Museum 108, 134
Zentralstelle Grafschaft Glatz/Schlesien e.V. 91, 133

Die Filme und ihre Quellen

Das Projekt »Wir Deutschen« umfaßt in 12 Bänden mit insgesamt 12 Filmen die Geschichte der Deutschen von 1815 bis zur Gegenwart. Die Filme stellen »Die Deutschen« in einer kaleidoskopartigen Montage aus Hunderten von Filmquellen der jeweiligen Zeit dar. Da wir die Geschichte alltäglicher, regionaler und emotionaler erzählen wollen, als es die vom Fernsehen gesetzten Standards heute tun, können wir nicht nur auf die bekannten und gut erschlossenen Archive zurückgreifen.

Woher stammen unsere Quellen? Wieweit sind sie dokumentarisch? Was ist »manipuliert«? Welchen Einfluß hat die Entwicklung des Films auf unser Vorgehen? Das sind Fragen, die der folgende Text beantworten will, um dem Betrachter einen kritischen Umgang mit den filmischen Dokumenten zu ermöglichen.

Filmische Archive

Die großen nationalen Archive, insbesondere das Bundesarchiv in Berlin bzw. Koblenz, die » National Archives« in Washington/DC, das Filmarchiv des Imperial War Museum in London, aber auch die Nationalen Filmarchive der Niederlande, Polens und Österreichs sind die Quellen der meisten zeitgeschichtlichen Dokumentationen. In manche dieser Archive sind die Bestände der großen privaten Filmproduktionen eingegangen. Dies gilt insbesondere für die bis 1945 in Deutschland produzierten Wochenschauen und Dokumentarfilme.

Die Wochenschauen von Gaumont und Pathé, die schon seit Beginn des 20. Jahrhunderts von wichtigen, sensationellen und skurrilen Ereignissen berichten, werden noch heute kommerziell vermarktet, ebenso die Wochenschauen, die in der Bundesrepublik und in der DDR in den fünfziger, sechziger und siebziger Jahren produziert werden.

Neben diesen Beständen gibt es Archive von nichtfiktionalen Filmen in Filmmuseen. Im Filmmuseum Berlin archiviert die »Deutsche Kinemathek« auch Dokumentarisches. Im Archiv des Deutschen Filmmuseums in Frankfurt, im Stadtmuseum München und im Filmmuseum Düsseldorf finden sich Nachlässe von Privatpersonen und Unternehmen.

Seit Mitte der fünfziger Jahre ist das öffentlich-rechtliche Fernsehen der größte Archivar eigener Dokumentationen und von Beiträgen der Fernsehnachrichten. Das »Haus des Dokumentarfilms«, gegründet 1991 und weitgehend vom öffentlich-rechtlichen TV getragen, hat sich »die Sammlung, Erforschung und Förderung des deutschen und internationalen Film- und Fernsehdokumentarismus« zur Aufgabe gemacht. Man sammelt neben den journalistischen Formen der Reportage und der Dokumentation auch künstlerisch und sozial engagierte Dokumentarfilme, Industrie-, Natur-, Lehr- und Kulturfilme.

Wer auf diese Quellen zurückgreift, muß schon im Rechercheansatz bewußt gegensteuern, um nicht die bei vielen Geschichtsdokumentationen oft zentralistische, von der »großen Politik« bestimmte Perspektive zu übernehmen. Dies ist meist ein Blick auf die Metropolen, auf Berlin, München, Frankfurt, oder auf die großen Städte des Rheinlandes und des Ruhrgebietes. Hier kommen die Kameraleute der Wochenschauen hin und zeigen Großereignisse und die Mächtigen am Regierungs-, Unternehmens- oder Verbandssitz.

Mit diesen Aufnahmen läuft der Dokumentarist Gefahr, einseitig das Bild der großen Städte, der technischen, industriellen und kulturellen Avantgarde, der modisch Up-to-date-Lebenden zu zeigen. Wir wollen aber auch auf die Ungleichmäßigkeit der Entwicklungen hinweisen, die Rückständigkeit mit der Spitze der Moderne vergleichen, das Alltägliche in Arbeit, Freizeit und Familie mit dem Offiziellen in Politik, Wirtschaft und Kultur.

Unser Anspruch ist, sowenig wie möglich auf diese erschlossenen Archive zurückzugreifen. Wir mußten also neue Quellen finden. Dies haben wir in einer systematischen Recherche getan. Wir haben unsere im Jahr 1983 beiläufig begonnene Sammeltätigkeit seit 1998 immer mehr in dem Projekt »100 Stunden Deutsche Geschichte im Film« systematisiert. Entlang der Grenzen der historischen deutschen Länder wurde in Dorfarchiven, kleinen Stadtmuseen, bei Heimatvereinen, lokalen Medienzentren, bei Film- und Videoclubs und Unternehmen vor Ort gesucht. Und über die Lokalzeitungen haben wir Filmamateure und Besitzer von privaten Filmnachlässen erreicht.

Um eine systematische Recherche konzipieren zu können, mußten wir uns mit der Entwicklung der Filmtechnik beschäftigen, herausfinden, wer Auftraggeber und Produzent gewesen sein kann und zu welchem Zweck in der jeweiligen Zeit gefilmt worden war. Zum besseren Verständnis werden wir hier auf Filmhistorie und -technik etwas näher eingehen.

Wochenschauen und Kulturfilme

Der Film wird 1895 fast gleichzeitig in Paris durch die Gebrüder Lumière (März) und in Berlin durch die Gebrüder Max und Emil Skladanowsky im Wintergarten-Varieté (November) »erfunden«. Der erste am 23. Dezember 1895 in einem kleinen Café öffentlich vorgeführte Film »L'Arrivée d'un train« ist im übrigen eine Dokumentation des Alltäglichen.

In Deutschland ist es vor allem der gelernte Optiker Oskar Meßter, der den Film voranbringt. Schon 1896 verkauft er seinen ersten selbstgebauten Filmprojektor. Im gleichen Jahr betreibt er das erste Berliner Kino. Mit der Einrichtung eines Filmateliers wandelt er sich schon bald zum Filmproduzenten.

1914 schafft Oskar Meßter mit der »Meßter-Woche« die erste deutsche Wochenschau. Die frühen Wochenschauen von Pathé, Gaumont, Movietone und Meßter berichten vor allem über Buntes und Skurriles, über Einweihungen, über Sport, aber auch schon über Klatsch. Selbst eine Jagdgesellschaft, einer der vielen wechselseitigen »Staatsbesuche« der deutschen Fürsten, vor allem aber jede blaublütige Hochzeit zieht Kameramänner schon vor dem Ersten Weltkrieg ins kleinste deutsche Fürstentum.

Bei Kaiserbesuchen sind Kameraleute nicht nur erwünscht, sondern vom Gastgeber einbestellt. Deshalb befinden sich heute teilweise ungeschnittene Filmnegative in den Staatsarchiven der einstigen deutschen Länder oder im Besitz einst regierender Dynastien.

Universum-Film AG

Zur Hebung der Moral der deutschen Soldaten an der Front regt der mächtigste Mann der Obersten Heeresleitung, General Erich Ludendorff, 1917 die Gründung einer deutschen Filmgesellschaft an, in der die damals wichtigsten deutschen Produzenten zusammenarbeiten sollen. Am 18. Dezember 1917 wird in Berlin die »Universum-Film AG« gegründet. 1918 verkauft Oskar Meßter seine Firma an die »Universum-Film AG«. Als staatliche Institution stellt die »Ufa« hauptsächlich propagandistische Filme her. 1921 wird die Ufa privatisiert

Die Filmemacher jener Zeit sind zugleich Autoren, Regisseure und Produktionsleiter. Viele ziehen wie Vertreter mit Musterkoffern übers Land, um vor allem Schulen zur Vorführung ihrer Filme zu bewegen.

Das Zeigen von Dokumentationen im Kino zahlt sich für die Besitzer aus. In der Weimarer Republik gibt es zwei Einrichtungen, die sich mit der Prüfung von Filmen beschäftigen. Eine »Filmprüfstelle« führt eine polizeiliche Zensur durch. Darauf folgt eine Prüfung nach künstlerischen Gesichtspunkten. Hier werden die Prädikate »künstlerisch«, »volksbildend« und »Lehrfilm« verliehen. Politisches Ziel der Filmprädikatisierung ist es, das Niveau der Filmproduktion – die damals oft nur Jahrmarktsqualität hat – zu erhöhen. Für den Kinobesitzer besteht der Anreiz des Prädikats darin, daß prädikatisierte Filme bei der Kinoauswertung von der Vergnügungssteuer (die damals »Lustbarkeitssteuer« heißt) entweder ganz oder teilweise befreit sind. Da kann man dann dem Produzenten schon mal einen kleinen Obolus zahlen.

Trotz der Gründung eines Gemeinschaftsunternehmens, an dem sich 200 Städte und Gemeinden beteiligen, macht die Kulturfilmabteilung der Ufa Verluste. Die Ufa-Kulturfilmproduktion wird in der Folge kommerzieller. Von den Dokumentationen entstehen verschiedene Schnittfassungen wie z.B. wissenschaftliche Fassungen für Universitäten, pädagogische für die Schulen und allgemeinverständliche fürs Kinopublikum, die eine optimale Auswertung des gedrehten Materials garantieren.

Im wirtschaftlichen Krisenjahr 1929 wird der Kulturfilm-Etat der Ufa stark verkleinert, die Produktion erliegt fast vollständig. Die Machtübernahme der Nationalsozialisten bedeutet für die Produktion der Kulturabteilung keine wesentliche Zäsur, denn für den Großteil ihrer Produktionen gilt: In ihrer ästhetischen Form und ihrem pathetischen Gestus sind sie auch von den Nationalsozialisten politisch verwertbar.

Am 1. August 1940 richtet die nationalsozialistische Reichsregierung die Deutsche Kulturfilm-Zentrale ein. Ihr Ziel ist es, die bis dahin von kleineren Firmen getragene Produktion von Kulturfilmen stärker zu kontrollieren. Die meisten freien Kulturfilm-Hersteller sind jetzt fast vollkommen von der Ufa abhängig, von der sie fertige Drehbücher erhalten, die sie dann umzusetzen haben.

Die Kulturfilm-Zentrale untersteht direkt dem Propagandaminister. Sie ist jetzt nicht nur Instrument der Vorzensur, sondern auch die zentrale Produktionsleitung für alle deutschen Kulturfilmer. Ab September 1940 steigt angesichts der erweiterten Kriegswochenschau das Publikumsinteresse an Kulturfilmen mit nichtpolitischen Themen.

Erst 1941 werden von der Ufa explizit propagandistische Kriegsfilme hergestellt, die den Krieg an allen Fronten dabei als Abenteuer erscheinen lassen. Am 18. August 1943 wird die Ufa einziger Auftragsproduzent der NSDAP für Kulturfilme.

Kulturfilme, vor allem die populären Fassungen für den Kinoeinsatz, entstehen zwischen 1923 und 1941 oft mit finanzieller Unterstützung der Städte und Kreise. Deshalb konnten wir in vielen kommunalen Archiven die Auftraggeberkopien und manchmal auch Sonderfassungen dieser Filme entdecken.

Unternehmensfilme und lokale Ereignisschauen

Schon vor dem Ersten Weltkrieg ziehen Kameraleute über das Land und produzieren für die lokalen Kinobetreiber kleine Filmchen. Diese Filme halten örtliche Ereignisse wie Umzüge und Eröffnungen fest. Sie werden mit Schrifteinblendungen versehen und dann – manchmal viele Monate lang – vor dem Filmprogramm gezeigt.

Zunächst sind noch provisorische Einrichtungen, wie umgebaute Verkaufsläden, als Kinosäle die Regel. Sie werden als Kintöppe (Einzahl: Kintopp, eine Verballhornung von »Kinetoskop«) bezeichnet. Nach 1910 entstehen immer größere und luxuriösere Neubauten. Die inzwischen immer längeren Filme werden mit Klavier, in großen Kinos auch mit Orchester begleitet.

Wir haben solche Filme bei den Erben der frühen Kinopioniere selbst in Orten wie Ludwigslust (Mecklenburg), Bernburg (Anhalt) und Langen (Hessen) gefunden, selbstverständlich auch in Großstädten.

Neben diesen Auftragsproduktionen für Filmtheaterbetreiber dokumentieren seit dem Ende der Inflation 1923 zunehmend auch Unternehmen ihre Produktion und ihre Produkte. Diese frühen Unternehmens- bzw. Industriefilme ähneln in Länge und Form den Kulturfilmen und werden oft von demselben Produzenten im Auftrag hergestellt. Sie werden bei lokalen Messen, Industrieschauen, aber auch auf den Weltausstellungen gezeigt. Sonderfassungen laufen auch als »Kulturfilm« vor dem Hauptprogramm im Kino.

Wochenschaubeiträge, Propagandafilme, Kultur- und Industriefilme produzieren seit dem ersten Jahrzehnt des 20. Jahrhunderts Menschen, die sich das Filmen und das Kino zum Beruf erwählt haben. Nur vereinzelt wird das Filmen zum Hobby von wohlhabenden, technisch begabten Kaufleuten, Apothekern und Ingenieuren. Diese Filme werden mit professionellem Equipment gedreht und erfordern viel Geld, technische Begabung und chemische sowie optische Kenntnisse. Der Amateurfilm, eine unserer wichtigsten Quellen, kommt erst nach 1923 auf.

Die Filmformate

Das Filmmaterial hat ursprünglich nur eine Breite von 35 mm. Das führt zu einem Bildverhältnis 1,37:1 (Breite x Höhe). Im Fernsehen wird heute als Standard ein Bildfeld von 4:3 gezeigt. Damit gehen im TV 2,7 Prozent des Bildfeldes eines 35-mm-Films verloren. Diesen Verlust sieht man in TV- und Videodokumentationen vor allem bei den Einblendungen von Schrifttafeln. Oft sind Wortanfänge nicht zu sehen, oder es fehlt das letzte Wort eines Satzes.

1923 ist das Geburtsjahr des 16-mm-Umkehrfilms mit entsprechenden Filmkameras und Projektoren. Die Erfindungen von Kodak machen den Amateurfilm möglich. Jetzt werden die Kameras handlicher und das Material preiswerter. Das 16-mm-Format dient seinerzeit nicht nur dem Amateurfilm, sondern ist auch die billigere Alternative zum 35-mm-Kinostandard.

Aufgrund der kleineren Bildfeldgröße ist auch die Qualität schlechter als beim 35-mm-Film. (Bis zur Einführung des Videorecorders im Jahr 1959 ist der 16-mm-Film die einzige Möglichkeit des Fernsehens, seine Sendungen zu archivieren.)

Der Amateurfilm

Im Jahr 1923 kommt gleichzeitig mit dem 16-mm-Film von Kodak das 9,5-mm-Pathé-Format auf. Es kann sich weltweit durchsetzen, denn wesentliche Vorteile sind der unbrennbare Umkehrfilm und preiswerte Filmapparate. Diese von Professionellen belächelten Geräte finden beim Publikum begeisterte Aufnahme. Der Pathé-Film hat keine Perforationslöcher an den Seiten, sondern eine Mittenperforation zwischen den Bildern. Er hat so die größte Materialausnutzung aller Filmformate.

Der 9,5-mm-Film wird in Deutschland schon bald durch 16 mm und 8 mm in den Hintergrund gedrängt und hat heute noch in Frankreich und England eine gewisse Verbreitung. Wir selbst haben viele Filmdokumente aus den Jahren 1924 bis 1938 im Pathé-Format gefunden, in Südwestdeutschland und dem Saarland, die nach 1945 zur französischen Zone gehören, auch noch aus den fünfziger Jahren.

Den Kameramann vor 80 Jahren sieht man stets an einer Kurbel. 1925 bringt das Münchener Unternehmen Niezoldi & Krämer die »Nizo 35« als 35-mm-Amateurfilmkamera auf den Markt. Ein aufziehbarer Federwerkantrieb macht die Kurbel und damit auch das Stativ überflüssig. Es kann ab sofort aus der Hand gefilmt werden. Allerdings nicht sehr lange, denn spätestens nach 20 Sekunden muß das Laufwerk neu aufgezogen werden. Deshalb sind alle Amateurfilmeinstellungen, die vor 1950 entstehen, so kurz. Und sie sind häufig verwackelt. Denn die Handkamera ist für den Amateur schwer zu führen.

1928 wird der 16-mm-Farbfilm »Kodacolor« eingeführt. 1932 kann der Filmamateur statt auf 16 mm auf den 8-mm-Film zurückgreifen. Um Filmkosten zu sparen, entsteht daraus ein eigenes Amateurfilm-Format: Doppel-8-mm. Der Doppel-8-Film hat bei der Aufnahme eine Breite von 16 mm und ist doppelt perforiert. In der Kamera wird zunächst eine Hälfte des Filmes belichtet, später im Rücklauf die zweite. Nach der Entwicklung wird der Film in zwei 8 mm breite Filmstreifen zerschnitten (gesplittet). Die 16-mm-Filmrolle von Kodak kostet 32 Reichsmark, der Doppel-8mm-Farbfilm »nur« 13 Reichsmark. Eine Dreieinhalb-Zimmer-Wohnung kostet zu dieser Zeit 130 Reichsmark Miete. Man ahnt: Filmen bleibt ein teures Hobby für bürgerliche Kreise.

Seit Mitte der dreißiger Jahre ist der Farbfilm bei den Amateuren weit verbreitet. Viele professionelle Filmemacher lehnen ihn noch bis in die späten fünfziger Jahre ab. Aus Kostengründen, aber auch aus künstlerischen, wird noch bis zu Beginn der siebziger Jahre des letzten Jahrhunderts mehr in schwarzweiß gefilmt.

Nachteilig am Doppel-8-Film sind die für den schmalen Film unverhältnismäßig breiten Perforationslöcher. Das führt schließlich zum Super-8-Film, bei dem eine schmalere Perforation ein größeres Bildformat und somit eine weit bessere Bildqualität bietet.

Super-8-Filme werden 1964 auf der Photokina in Köln vorgestellt und tauchen seit 1965 im Handel auf. Bei Super 8 werden 18 Bilder pro Sekunde aufgenommen. Wenn die Batterien der Aufnahmekamera beim Drehen leer werden, läßt die Aufnahmegeschwindigkeit auch schon mal nach, so daß später beim Abspielen ein Zeitraffer-Effekt entsteht. Das muß man, wie wir gelernt haben, beim Schnitt von Super-8-Material bedenken.

Die Aufnahme- und Abspielgeschwindigkeit

Häufig sieht man im Fernsehen Filmsequenzen aus der Zeit, »als die Bilder laufen lernten«, in lustigem Zeitraffer. Alle Objekte bewegen sich schnell, die Menschen rennen. Diese Filme wurden nur falsch transformiert.

Für das menschliche Auge sind 16 Bilder in der Sekunde die niedrigste Bildverschmelzungsfrequenz. Erst dann entsteht der Eindruck eines natürlichen Bewegungsablaufs. Wenn Filme, die mit 16 Bildern/Sek. gedreht worden sind, auf den heutigen Videostandard fehlerhaft abgetastet werden, laufen sie um 50% zu schnell. Wir haben uns bemüht, die Filme in »menschlicher Geschwindigkeit«, also nicht in Zeitraffer, abzuspielen.

Um eine bessere Tonqualität aufnehmen und wiedergeben zu können, verlangt der Tonfilm zu Beginn der dreißiger Jahre höhere Filmlaufgeschwindigkeiten. Das Heraufsetzen auf die heutigen Bildfrequenzen von 24 Bilder/sek. im Aufnahmebereich geschah seinerzeit nicht aus den oben genannten »stroboskopischen« Gründen, sondern wegen der neu eingeführten Lichttonspur.

Der Lichtton ist bis heute das Standardverfahren zur Tonaufzeichnung bei Kinofilmen. Die Lichttonspuren bestehen aus einem schmalen Streifen am Film, der je nach Toninformation seine Lichtdurchlässigkeit wechselt.

Der Ton auf einer Filmkopie befindet sich nie an der Stelle, an der sich das dazugehörige Bild befindet. Denn im Bildfenster wird der Filmstreifen sowohl bei der Aufnahme als auch bei der Projektion nicht, wie etwa bei einem Tonband, kontinuierlich, sondern ruckweise transportiert.

Am Lichttonlesekopf muß aber der Ton gleichmäßig vorbeigeführt werden. Deshalb wird der am Bildfenster noch ruckelnde Transport in einen kontinuierlichen gewandelt. Hierfür ist eine gewisse Zeitdistanz erforderlich. Bei 35-mm-Film sind dies z.B. 20 Filmbilder. Der Ton zu einem bestimmten Bild befindet sich also 20 Felder vor der Bildinformation.

Der Zustand von Filmen und Videos

Bis Ende der fünfziger Jahre stehen uns Filme in den Formaten 35 mm, 16 mm, 9,5 mm, Doppel-8/Normal-8 oder Super-8 zur Verfügung. Diese liegen selten als Filmnegativ, sondern häufig nur als Vorführkopie mit vielen Vorführschäden wie Bildkratzern, Klebestellen und zerschlissener Perforation vor. Sie sind brüchig und geschrumpelt, häufig auch ausgeblichen. Nitrofilme, die bis Mitte der dreißiger Jahre Standard sind, sind feuergefährlich und nur mit Umsicht zu transportieren. Farbfilmpositive sind nach zwei bis drei Jahrzehnten rotstichig. Diese Schwächen können wir manchmal im digitalen Schnitt ausbessern.

Problematisch wird die Quellenlage für filmische Dokumentationen in dem Moment, wo das Fernsehen das vorherrschende Dokumentationsmedium und die Archivierungsinstanz wird. Die Wochenschau verschwindet in West und Ost zu Beginn der siebziger Jahre aus den Kinos.

Die magnetische Aufzeichnung auf »Video« setzt sich zwischen 1960 und der Mitte der achtziger Jahre aus Kostengründen und wegen der Handhabung immer mehr durch. Die Qualität des Materials verbessert sich dadurch nicht, vor allem, weil die analogen Aufzeichnungsbänder mit jeder Benutzung und im Lauf der Zeit stark an Qualität verlieren.

1956 wird in Chicago der erste für die Fernsehpraxis brauchbare Videorecorder vorgeführt. Die »Ampex VR 1000« arbeitet mit Magnetbändern, die von der »Scotch 3M Company« entwickelt worden sind. Schon zwei Jahre später stellt Ampex den ersten Farb-Videorecorder vor. Elektronische Kameras des Fernsehens zeichnen jetzt bei Großereignissen mit Übertragungswagen Bilder magnetisch auf. In den nächsten Jahren entstehen verschiedene Magnetfilmformate mit immer wieder wechselnden technischen Standards. Sie werden von Firmen wie Ampex, Bosch und Sony entwickelt.

So lassen sich heute Archivbestände von Dokumentationen auf 1-Zoll-A-, 1-Zoll-B- und 1-Zoll-C-Bändern, auf U-matic-Lowband- und -Highband und auf betacam-SP-Kassetten finden. Bis Ende der sechziger Jahre sind Videogeräte noch für den Spulenbetrieb konstruiert. Erst mit der Kassettierung wird der Umgang mit den Videobändern auf das simple Einlegen der Kassette reduziert.

Im Jahr 1976 stellt JVC das Format VHS vor. Die Videocassette dieses Systems setzt sich gegen das von Philips und Grundig entwickelte System »Video 2000« durch. In den Jahren 1972 (U-matic) und 1975 (Betamax) präsentiert die Firma Sony die ersten Video-Heimgeräte, die mit kassettierten Bändern funktionieren.

Von Amateurfilmern liegen seit Beginn der achtziger Jahre Quellen auf VHS-, S-VHS-, Betamax- und Video-2000-Kassetten vor. Videogruppen, z.B. alternativer Bewegungen, drehen häufig auf dem semiprofessionellen Standard U-matic low band. Camcorder für Hobbyfilmer gibt es seit 1980. Die ersten tragbaren Videorecorder für Profis sind sehr schwer und werden noch auf den Rücken geschnallt. Noch bis in die neunziger Jahre werden umhängbare Recorder benutzt, die immer weniger wiegen. Die ersten Geräte, die man als vollwertige Camcorder bezeichnen kann, sind die Betamovie-Geräte von Sony. Diese können das Bild der eingebauten Kamera direkt auf ein Betamax-Band aufzeichnen.

Die Montage

Bis 1923 sind nichtfiktionale Filmquellen selten, zwischen 1923 und 1935 rar. Ab 1935 setzt zumindest in Deutschland eine filmische Massenproduktion ein, von deren Beständen allerdings einiges in den Kriegswirren verlorengeht. Mit Beginn der elektronischen Aufzeichnung, der Einführung des Super-8-Films und der Filmkassette wird diese Produktion noch einmal gesteigert. Seitdem Video bei den Amateuren den Schmalfilm verdrängt hat, gibt es auch außerhalb des Fernsehens, des Industrie- und Dokumentarfilms eine wahre Flut bewegter Bilder. Und mit der Einführung des filmenden Handys wird wohl jedes große und kleine Ereignis, jede Katastrophe und jeder freudige Anlaß im bewegten Film festgehalten und dokumentiert werden können.

Diese von uns vermutete Quellenlage hat unsere Recherche bestimmt. Auf der Suche nach Filmen bis zum Jahr 1918 sind wir in ganz Deutschland systematisch geographisch vorgegangen. Für den Zeitraum 1923 und 1935 haben wir flächendeckend in jenen, vor allem ländlichen, Regionen recherchiert, in denen Filmquellen bis dahin eher unerschlossen waren. Der Zeitraum 1935 bis Mitte der fünfziger Jahre ist in Filmquellen gut dokumentiert. Hier galt es zwischen vielen Quellen auszuwählen, die schon leichter zugänglich waren.

Wenig dokumentiert sind naturgemäß die Repressalien gegen Regimegegner, Juden und andere Verfolgte der Nazidiktatur. Besonders über den systematischen Judenmord gibt es wenig Originalmaterial außer Aufnahmen der Befreiung von sowjetischen, amerikanischen und britischen Kameraleuten.

Ab 1955 sind wir in der Recherche nur noch thematisch und punktuell, nicht mehr systematisch geographisch vorgegangen. Allgemeine Aufrufe nach Material hätten uns mit Filmquellen überschwemmt, ihre Überspielung und Sichtung unsere finanziellen und personellen Kräfte überfordert. Hin und wieder half uns der Zufall, und wir konnten Filme finden, nach denen wir im Zeitraum ab 1955 nie gesucht hätten.

Die meisten unserer Quellen sind filmisch nicht voll kompatibel mit elektronisch wiedergegebenen Bildern. Viele Filme wurden noch mit 24 Bildern/Sek. aufgezeichnet. Fernseh- und Videokameras nehmen mit 50 Halbbildern/Sek. auf. Das sogenannte PAL-Speed-up dient dazu, daß für sämtliche Geräte im Fernsehen die Bildfrequenz auf die von der PAL-Norm vorgeschriebenen 25 Bilder/Sek. erhöht wird. Dadurch wird ein auf Video transformierter Film um 4 Prozent kürzer und läuft damit in der Wiedergabe schneller. Diese Beschleunigung des Bildes wird vom Menschen allerdings kaum wahrgenommen. Die beschleunigte Abspielung erhöht aber auch den Ton. Dies kann dem Zuhörer auffallen, wenn er Musikaufnahmen schon von einer CD kennt.

Auch an diesem Beispiel läßt sich zeigen, daß unsere filmische Zusammenstellung keine »naturalistische« Dokumentation sein kann. Wir haben alle Filme vertont, denn selbst noch in den fünfziger Jahren haben die wenigsten Filme einen Originalton der Aufnahme. Die Geräusche wurden damals im Studio gemischt und synchronisiert. Das haben wir ebenso betrieben und addieren also zum Originalbild einen nachgemachten Ton.

Schnitt und Montage sind immer ein Kommentar. Sie dokumentieren daher nur das Ereignis, aber nicht die Intentionen der damaligen Schöpfer der Filmquelle. Aus Achtung vor den Filmemachern aus elf Jahrzehnten haben wir die Quellen durch Schwarzblenden klar voneinander getrennt. Uns kommt es darauf an, nicht eine Geschichte bzw. einen Sachverhalt zu illustrieren, sondern aus den Quellen zu erzählen.

Recherche, Ton und Montage sind unsere heutige redaktionelle Leistung, die Filme aber sind das bewegte Bild ihrer Zeit.

Quellennachweis der einzelnen Szenen

DIE DEUTSCHEN
1929 bis 1939

Köln-Mülheim, 1927-29
Einweihung der Mülheimer Brücke. *Aufn. aus der Baudokumentation »Vom Werden und Wachsen der größten Kabelbrücke Europas« der Grün & Bilfinger AG.*

Mainz, Sommer 1930
Abzug der Franzosen und Empfang des Reichspräsidenten Paul von Hindenburg. *Filmdokumentation im Auftrag der Stadt Mainz.*

Dresden, 1930
Ausflug nach Elbflorenz. *Amateuraufn.*

Travemünde bei Lübeck, Anfang der 30er Jahre
Sommerurlaub in Travemünde. *Amateuraufn.*

Königsberg, Anfang der 30er Jahre
Speicherinsel und Innenhafen. *Aus dem Film »Die alte Hafenstadt Königsberg und ihre Handelsbeziehungen«, verwendet in einer Dokumentation des Bundesministeriums für Vertriebene, Flüchtlinge und Kriegsgeschädigte.*

Deutsches Reich, 1930/31
Folgen der Weltwirtschaftskrise. *Aufn. einer Dokumentation der NSDAP von 1934.*

Leipzig, 1931
Parteitag der SPD. *Aus einem Film des Parteivorstands.*

Berlin, 1931
Demonstration der KPD und des »Rote-Frontkämpferbundes«. *Aufn. einer Dokumentation der NSDAP von 1934.*

Berlin, 1931
Lastwagenkorso der SA. *Aufn. für die Deulig-Woche (Wochenschau) aus dem Bestand der National Archives.*

Bei Schleiz im thüringischen Saaletal, 1931
Bleilochtalsperre. *Szenen aus der Dokumentation der Grün & Bilfinger AG.*

Im Riesengebirge, Anfang der 30er Jahre
Ausflug auf die Schneekoppe. *Amateuraufn.*

Lauf an der Pegnitz, 1931
Stadtansichten und das Kundigundenfest. *Amateuraufn.*

Neubrandenburg, 1931/32
Hobbyangeln, Rodelvergnügen. *Ungeschnittene Amateuraufn.*

Lauf an der Pegnitz, 1932
Wintervergnügen. *Ungeschnittene Amateuraufn.*

Stolp in Hinterpommern, 1932
Rundgang durch die Stadt. *Aus einem Reise- und Kulturfilm über Pommern.*

Majorat Lupow, Hinterpommern
Arbeitsalltag auf einem pommerschen Gut. *Aufn. von Hans-Jesko von Puttkamer.*

Landkreis Ortelsburg, 1929
Gutsarbeiter und Gutsherren. *Aufn. für den Film »Die Insel Ostpreußen« der Ostpreußischen Landwirtschafts- und Industrie-Film AG.*

Germersheim, 1930
Übersetzen der Gierseilfähre. *Ungeschnittene Amateuraufn.*

Gütersloh, Anfang der 30er Jahre
Waschtag mit Waschkessel. *Aus dem Miele-Werbefilm »Wenn Vater waschen müßte«.*

Breisach, 1932
Gauklertag. *Aufn. von Sepp Allgeier.*

Duisburg, 1930
Gefahren des Straßenverkehrs. *Aus dem Verkehrserziehungsfilm »Unterstützt die Verkehrswacht« der Stadt Duisburg.*

Nürburgring, Eifel, 1931
»Der Große Preis von Deutschland«. *Ungeschnittene Amateuraufn.*

Bütow in Hinterpommern, Ende der 20er Jahre
Stadtrundgang. *Szenen aus dem Film »Kreis und Stadt Bütow« von Rudolf Steineck.*

Oberammergau, 1932
Winterliche Hochwildjagd. *Aus dem Stadtwerbefilm »Oberammergau und seine Hochwildjagd«.*

Nordfriesland, 1932
SA-Kapelle am Strand. *Ungeschnittene Amateuraufn.*

Hamburg, 1932
Adolf Hitler spricht im Stadion »Hohe Luft«. *Ungeschnittene Aufn. im Auftrag des NSDAP-Gaues Hamburg.*

Osnabrück, 1932
Adolf Hitlers »Deutschlandflug«. *Ungeschnittene Aufn. im Auftrag des NSDAP-Gaues Weser-Ems.*

Mainz, 1929
Rosenmontagsumzug mit antisemitischen Anspielungen. *Filmfragment aus dem städt. Archiv.*

Hof in Oberfranken, 1933
Faßnachtsumzug. *Ungeschnittene Amateuraufn.*

Berlin, 1933
Bilder der Machtergreifung. *Aufn. für die Deulig-Woche (Wochenschau) aus dem Bestand der National Archives.*

Bad Iburg, 1933
Vizekanzler Franz von Papen. *Amateuraufn.*

Vogelsbergkreis, 1933
Das 1. internationale Motorradrennen »Rund um Schotten«. *Amateuraufn.*

Nürnberg, 1933
Der 5. Reichsparteitag. *Aufn. aus Schwerin für den NSDAP-Gau Mecklenburg.*

Oldenburg, Anfang der 30er Jahre
Der Bremer Zirkus Roland *Aufn. von Carl Wöltje.*

Mittenwald, 1934
Winterlicher Familienurlaub. *Amateurfilm von Franz Gill.*

Horumersiel, 30er Jahre
Adolf Hitler besucht eines seiner Lieblingshotels. *Aufn. von Carl Wöltje.*

Im Tal der Emscher, 1934
Förderung von Ruhrkohle *Aus einem Ufa-Industriefilm für das Rheinisch-Westfälische Kohlesyndikat.*

Essen, 1934
Die Vorteile des modernen Allesbrenners. *Aus dem Ufa-Film »Schwarz auf Weiß« für das »Kohlensyndikat Essen«.*

Samland, Ostpreußen, 1935
Eisschlagen auf dem Wiekauer See. *Szenen aus einem Kulturfilm, verwendet in einer Dokumentation des Bundesministeriums für Vertriebene, Flüchtlinge und Kriegsgeschädigte.*

Korbach, 1935
Karnevalsumzug mit antisemitischen Anspielungen. *Aufn. von Johannes Bliesener.*

Mainz, 1935
Die Jugend des »Bund Neudeutschland«. *Aufn. von Georg Dengler.*

Odenwald, 1935
Die Jugend des »Bund Neudeutschland«. *Aufn. von Georg Dengler.*

Grimma, 1935
Eine Taufe in der deutschen evangelischen Kirche. *Aufn. von Alfred Pippig.*

Wismar, 1935
Wismar wird Garnisonsstadt *Ungeschnittene Amateuraufnahme.*

Leverkusen, 1935
Beerdigung von Carl Duisberg. *Ungeschnittene Tonfilmaufn. im Auftrag der »Actien-Gesellschaft für Anilin-Fabrikation«.*

Bremen-Vegesack, 1936/37
Heringsfang in der Nordsee. *Aus einem Lehrfilm der »Deutschen Heringshandelsgesellschaft«.*

Danzig, 1938
Der Hafen und die Schichau-Werft. *Aus einem Stadtfilm.*

Friedland, 1935
Straßenbau und Stromversorgung. *Aus einem Film über die »MPSB Mecklenburg-Pommersche Schmalspurbahn«.*

Oberländischer Kanal, 1932
Ausflugsdampfer. *Aus dem Kultur- und Reisefilm »Über die Oberländischen Seen zu den Geneigten Ebenen« der I.G. Farben Industrie AG.*

Oberländischer Kanal, 1936
Holztransport mit Treidelfahrt. *Aus dem Film »Die Insel Ostpreußen« der Reichsbahn Filmstelle Berlin.*

Gera, 1937
700jähriges Bestehen der Stadt. *Szenen aus einem Stadtporträt.*

Münster, 1935
Stadt- und Freizeitbilder. *Aus dem Stadtfilm »Westfalens schöne Hauptstadt«.*

Friedland, 1935
Badevergnügen. *Aus einem Film über die »MPSB Mecklenburg-Pommersche Schmalspurbahn«.*

Offenburg, 1936
Nach dem Einmarsch der Wehrmacht erhält die Stadt eine Garnison. *Aufn. von Paul Stober.*

Bad Schwalbach, 1936
Familie auf Terrasse. *Amateuraufn. von Franz Gill.*

Leipzig, 1936
Gauparteitag. *Amateuraufn.*

Zwischen Schleiz und Bayreuth, 1935
Die Baustelle der Reichsautobahn Berlin–Nürnberg. *Ungeschnittene Amateuraufn.*

Zerbst, 1939
Die Dreharbeiten zu »Der Stammbaum des Dr. Pistorius«. *Ungeschnittene Amateuraufn.*

Mainz, 1937
Tischgesellschaft. *Szenen aus dem Kupferberg-Werbefilm »Jeder kennt ihn«.*

Berlin, 1936
Olympische Spiele. Einzug der Sportler am Eröffnungstag. *Ungeschnittene Amateuraufn.*

Im Schwarzwald, 1936
Schwarzwälder Bauern. *Aufn. aus dem Kulturfilm »Ein Morgen auf einem Schwarzwälder Bauernhof«.*

Teufelsmoor, 1931–38
Bauern im Teufelsmoor *Aus einem Film von Helmut Oestmann.*

Vom Teufelsmoor bis Vegesack, Mitte der 30er Jahre
Torftransport mit dem Torfkahn. *Aufn. von Helmut Oestmann.*

Rechterfeld in Oldenburg, 1938
Herbstliche Kartoffelernte: *Ungeschnittene Amateuraufn.*
Obersalzberg, 1938
Nazi-Prominenz genießt einen sonnigen Nachmittag. *Aufn. der Eva Braun.*
Neusustrum, Emsland, Bourtanger Moor. 1938
Gefangenenlager und das unweit gelegene Haus von Albert Speer. *Amateurfilmaufn. von Wilhelm Niemann.*
Klingenmünster, 1935
Das Euthanasie-Programm. *Szenen aus dem NS-Propagandafilm »Die Sünden der Väter«.*
Vechta, Land Oldenburg, 1936
Himmelfahrtsprozession. *Aus einem Film niederländischer Dominikaner.*
Bremen, Ende der 30er Jahre
Die Borgward Automobil- und Motorwerke. *Aus dem Unternehmensporträt »Ein Auto wird geboren«.*
Burladingen, Hohenzollern 1938
Fabrikalltag einer Trikotwarenfabrik. *Aufn. aus der Mechanischen Trikotwarenfabriken Gebrüder Mayer KG*
Wehlau in Ostpreußen, 1937
Der größte Pferdemarkt Europas. *Aufn. aus »Impressionen aus Wehlau«.*
Besenitz, 1937
Aufenthalt im Schullandheim. *Aufn. eines Schülers.*
Westerland auf Sylt, 1937
Auf der Strandpromenade. *Ungeschnittene Amateuraufn.*
Paderborn, 1937
Stadtleben und Liborifest. *Szenen aus »Use Liburges«.*
Die Stadt Hindenburg, 1938
Borsigwerk in Hindenburg-Biskupitz. *Aus einem Industriefilm im Auftrag der Rheinmetall-Borsig AG.*
Berlin, Ende der 30er Jahre
Das erste Fernsehprogramm. *Aus dem Film der Reichspost »Das Auge der Welt«.*
Im Sudetenland, 1938
Hitler besucht Kratzau. *Aufn. von Harald Freiherr von Vietinghoff-Riesch.*
Grevesmühlen, 1938
Feier eines Schützenfestes. *Ungeschnittene Aufn. von Gert Bentin.*
St. Ingbert, Saarland, 1938
Umzug durch die Stadt. *Amateuraufn.*
Bühl, 1938
Reichspogromnacht. *Ungeschnittene Aufn. eines Feuerwehrmannes.*
Coswig, 1938
Ehepaar feiert Weihnachten. *Ungeschnittene Amateuraufn.*
Lindau am Bodensee, 1939
Der 1. Mai. *Ungeschnittene Amateuraufn.*
Rostock, 1939
Die Heinkel-Werke. *Aus einem Industriefilm der Ernst Heinkel Flugzeugwerke A.G.*
Emden, 1939
Stapellauf der »Levante« *Szenen aus einer Dokumentation der Nordseewerke Emden der August Thyssen AG.*
Offenburg, 1939
Der NSDAP-Kreistag. *Aufn. von Paul Stober.*
Rechterfeld, 1939
Sichtung von Jungpferden. *Ungeschnittene Aufn. eines Filmamateurs.*
Dessau, 1939
Produktionsalltag. *Szenen aus einem UFA-Film der Dessauer Werke für Zucker- und Chemische Industrie AG.*
Lindau am Bodensee, 1939
Kaffeekränzchen in Familienrunde. *Ungeschnittene Amateuraufn.*
Bad Köstritz, 1939
Ausflug der NSKK. *Amateuraufn.*
München, 1939
Festzug »2000 Jahre Deutsche Kunst«. *Aufn. von Alexander Kraus.*
Obersalzberg, 12. August 1939
Hitler empfängt Graf Ciano. *Aufn. von Eva Braun.*
Gut Neschwitz in der Oberlausitz, 12. August 1939
Veteranentreffen. *Aufn. von Harald Freiherr von Vietinghoff-Riesch.*

PIPER

Rolf Hosfeld, Hermann Pölking

Die Deutschen 1815 bis 1918

Fürstenherrlichkeit und Bürgerwelten

Die Deutschen 1918 bis 1945

Leben zwischen Revolution und Katastrophe

Die Deutschen 1945 bis 1972

Leben im doppelten Wirtschaftswunderland

Die Deutschen 1972 bis heute

Auf dem Weg zu Einheit und Freiheit

Als ob Sie dabei gewesen wären: Auf dieser Piper Zeitreise erleben Sie deutsche Geschichte neu – in einer multimedialen Form, die einmalig ist.

Die Bücher bieten auf rund 500 Seiten spannend und informativ aufbereitete Lektüre. Hochwertig ausgestattete Bände, durchgehend farbig bebildert mit rund 450 teils noch nie zuvor veröffentlichten Fotos, anschaulichen Grafiken und Karten. Buch und DVDs im mattierten Folienschuber. Die drei DVDs zu jedem Buch enthalten Filmmaterial, das bislang so noch nicht zu sehen war: Bilder des alltäglichen Lebens aus allen Regionen Deutschlands. Aufnahmen, die in mehr als zwanzig Jahren intensiver Recherche eigens für dieses Projekt zusammengetragen, ausgewertet, restauriert, geschnitten und vertont wurden. Die Sprecher sind bekannte Schauspieler wie Gudrun Landgrebe, Hanns Zischler und Peter Kaempfe.

01/1707/01/R